La Symphonie des Légumes

La cuisine végétale revisitée

Sophie Durand

Table des matières

Introduction 9

boules d'énergie à la carotte 14

Bouchées de patates douces croustillantes 16

Petites carottes glacées rôties 18

Baked Kale Chips 20

Trempette au fromage et aux noix de cajou 22

Trempette au houmous et au poivre 24

mutabal libanais traditionnel 27

Pois chiches rôtis à l'indienne 29

Avocat à la Sauce Tahini 31

Bouchées de patates douces 33

Trempette aux poivrons grillés et aux tomates 35

mélange de fête classique 37

Crostinis à l'ail et à l'huile d'olive 39

Boulettes de viande végétaliennes classiques 40

Panais rôtis au vinaigre balsamique 42

baba ganoush traditionnel 45

Bouchées au beurre d'arachide 47

Trempette de chou-fleur rôti 48

Rouleaux de courgettes faciles 50

Frites Chipotle	52
Trempette aux haricots cannellini	54
Chou-fleur rôti aux épices	56
toum libanais facile	59
Avocat avec vinaigrette épicée au gingembre	61
Mélange de collations aux pois chiches	63
Sauce Muhammara revisitée	65
Crostinis aux épinards, pois chiches et ail	67
Boulettes de viande aux champignons et aux haricots cannellini	70
Rondelles de concombre avec houmous	72
Bouchées de jalapeños farcies	73
Rondelles d'oignon mexicaines	75
Racines de légumes rôties	77
Trempette à l'houmous à l'indienne	79
Trempette aux carottes et haricots rôtis	81
Sushi de courgettes rapide et facile	83
Tomates cerises avec houmous	85
Champignons rôtis au four	87
chips de chou frisé au fromage	90
Bateaux d'avocat avec houmous	92
Champignons farcis au nacho	94
Wraps de laitue avec houmous et avocat	96

choux de Bruxelles rôtis 98

Poppers de patates douces Poblano 100

Croustilles de courgettes au four 102

authentique sauce libanaise 104

Boulettes de viande végétaliennes à l'avoine 106

Bateaux de poivrons sauce mangue 108

Fleurons de brocoli épicés au romarin 110

Chips de betteraves croustillantes au four 112

Soupe de lentilles classique aux blettes 115

Soupe hivernale épicée au farro 117

Salade de pois chiches arc-en-ciel 119

Salade de lentilles à la méditerranéenne 121

Salade d'asperges rôties et d'avocat 123

Salade de crème de haricots verts aux pignons de pin 125

Soupe de haricots cannellini au chou frisé 127

. Crème copieuse de champignons 129

Salade panzanella italienne authentique 131

Salade de quinoa et haricots noirs 133

Salade Riche De Boulgour Aux Herbes 135

Salade classique de poivrons rôtis 139

Soupe copieuse au quinoa d'hiver 141

salade de lentilles vertes 144

- Potage à la courge poivrée, pois chiches et couscous 146
- Soupe au chou avec crostini à l'ail 148
- Velouté de Haricots Verts 151
- Soupe à l'oignon traditionnelle française 153
- soupe de carottes rôties 155
- Salade de pâtes italiennes aux penne 157
- Salade Chana Chaat Indienne 159
- Salade de nouilles et de tempeh à la thaïlandaise 161
- Crème de brocoli classique 164
- Salade marocaine de lentilles et de raisins secs 167
- Salade d'asperges et de pois chiches 170
- Salade de haricots verts à l'ancienne 173
- Soupe aux haricots d'hiver 175
- Soupe italienne aux champignons cremini 177
- Crème de Pommes de Terre aux Herbes 180
- Salade de quinoa et avocat 182
- Salade de taboulé au tofu 184
- Salade de pâtes du jardin 186
- Bortsch ukrainien traditionnel 189
- Salade de lentilles Beluga 192
- Salade naan à l'indienne 195
- Salade de poivrons grillés à la grecque 197

Soupe aux haricots et aux pommes de terre 200

Salade de quinoa d'hiver aux cornichons 202

Soupe aux champignons sauvages rôtis 205

Soupe aux haricots verts à la méditerranéenne 208

Crème de carotte 210

Salade de pizza italienne Nonna..213

Soupe crémeuse aux légumes dorés 215

Introduction

Jusqu'à récemment, de plus en plus de gens commençaient à adopter le régime alimentaire à base de plantes. Ce qui a exactement attiré des dizaines de millions de personnes vers ce mode de vie est discutable. Cependant, il est de plus en plus évident que suivre un mode de vie principalement à base de plantes conduit à un meilleur contrôle du poids et à une meilleure santé générale, sans de nombreuses maladies chroniques. Quels sont les avantages pour la santé d'une alimentation à base de plantes? Il s'avère que manger à base de plantes est l'un des régimes les plus sains au monde. Les régimes végétaliens sains comprennent de nombreux produits frais, des grains entiers, des légumineuses et des graisses saines comme les graines et les noix. Ils sont riches en antioxydants, minéraux, vitamines et fibres alimentaires. Les recherches scientifiques actuelles indiquent qu'une consommation plus élevée d'aliments à base de plantes est associée à un risque plus faible de mortalité due à des maladies telles que les maladies cardiovasculaires, le diabète de type 2, l'hypertension artérielle et l'obésité. Les plans d'alimentation végétaliens sont souvent basés sur des aliments de base sains, évitant les produits d'origine animale chargés d'antibiotiques, d'additifs et d'hormones. De plus, la consommation d'un rapport plus élevé d'acides aminés essentiels par rapport aux protéines animales peut être préjudiciable à la santé humaine. Étant donné que les produits d'origine animale contiennent beaucoup plus de matières grasses que les aliments d'origine végétale, il n'est pas surprenant que des études aient montré que les mangeurs de viande ont un taux d'obésité neuf fois plus élevé que les végétaliens. Cela nous amène au point suivant, l'un des plus grands avantages du régime végétalien : la perte de poids. Alors que de nombreuses personnes choisissent de vivre une vie végétalienne pour des raisons éthiques, le régime lui-même peut vous aider à atteindre vos objectifs de perte de poids. Si vous avez du mal à perdre du poids, vous voudrez peut-être envisager d'essayer un régime à base de plantes. De quelle façon précisément? En tant que végétalien, vous réduirez les aliments riches en calories comme les produits laitiers entiers, les poissons gras, le porc et d'autres aliments contenant du cholestérol comme les œufs. Essayez de remplacer ces aliments par des alternatives riches en fibres et en protéines qui vous rassasieront plus longtemps. La clé est de se concentrer sur des aliments riches en nutriments, propres et naturels et d'éviter les calories vides comme le sucre, graisses saturées et aliments hautement transformés. Voici quelques astuces qui m'ont aidé à maintenir mon poids avec un régime végétalien pendant des années. Je mange des légumes comme plat principal; Je consomme des bonnes graisses avec modération -une bonne graisse comme l'huile d'olive ne fait pas grossir- ; Je fais régulièrement de l'exercice et cuisine à la maison. Profites-en!

boules d'énergie à la carotte

(Prêt en 10 minutes environ + temps de refroidissement | Pour 8 personnes)

Par portion : Calories : 495 ; Matières grasses : 21,1 g ; Glucides : 58,4 g ; Protéines : 22,1 g

Ingrédients

1 grosse carotte, carotte râpée

1 ½ tasse d'avoine à l'ancienne

1 tasse de raisins secs

1 tasse de dattes dénoyautées

1 tasse de flocons de noix de coco

1/4 cuillère à café de clous de girofle moulus

1/2 cuillère à café de cannelle moulue

Adresses

Dans votre robot culinaire, mixez tous les ingrédients jusqu'à ce qu'ils soient lisses et collants.

Former des boules égales avec la pâte.

Placer dans votre réfrigérateur jusqu'au moment de servir.
Bon Appetit!

Bouchées de patates douces croustillantes

(Prêt en 25 minutes environ + temps de refroidissement | Pour 4 personnes)

Par portion : Calories : 215 ; Matières grasses : 4,5 g ; Glucides : 35 g ; Protéines : 8,7 g

Ingrédients

4 patates douces, pelées et râpées

2 œufs de chia

1/4 tasse de levure nutritionnelle

2 cuillères à soupe de tahini

2 cuillères à soupe de farine de pois chiche

1 cuillère à café d'échalote en poudre

1 cuillère à café d'ail en poudre

1 cuillère à café de paprika

Sel de mer et poivre noir moulu, au goût

Adresses

Commencez par préchauffer votre four à 395 degrés F. Tapisser une plaque à pâtisserie de papier parchemin ou de tapis Silpat.

Bien mélanger tous les ingrédients jusqu'à ce que tout soit bien incorporé.

Roulez la pâte en boules égales et placez-les dans votre réfrigérateur pendant environ 1 heure.

Faites cuire ces boules environ 25 minutes en les retournant à mi-cuisson. Bon Appetit!

Petites carottes glacées rôties

(Prêt en 30 minutes environ | Pour 6 personnes)

Par portion : Calories : 165 ; Matières grasses : 10,1 g ; Glucides : 16,5 g ; Protéines : 1,4 g

Ingrédients

2 livres de petites carottes

1/4 tasse d'huile d'olive

1/4 tasse de vinaigre de cidre de pomme

1/2 cuillère à café de flocons de piment rouge

Sel de mer et poivre noir fraîchement moulu, au goût

1 cuillère à soupe de sirop d'agave

2 cuillères à soupe de sauce soja

1 cuillère à soupe de coriandre fraîche, hachée

Adresses

Commencez par préchauffer votre four à 395 degrés F.

Ensuite, mélangez les carottes avec l'huile d'olive, le vinaigre, le poivron rouge, le sel, le poivre noir, le sirop d'agave et la sauce soja.

Faites griller les carottes environ 30 minutes en faisant tourner la poêle une ou deux fois. Garnir de coriandre fraîche et servir. Bon Appetit!

Baked Kale Chips

(Prêt en 20 minutes environ | Pour 8 personnes)

Par portion : Calories : 65 ; Matières grasses : 3,9 g ; Glucides : 5,3 g ; Protéines : 2,4 g

Ingrédients

2 bottes de chou frisé, feuilles séparées

2 cuillères à soupe d'huile d'olive

1/2 cuillère à café de graines de moutarde

1/2 cuillère à café de graines de céleri

1/2 cuillère à café d'origan séché

1/4 cuillère à café de cumin moulu

1 cuillère à café d'ail en poudre

Gros sel de mer et poivre noir moulu, au goût

Adresses

Commencez par préchauffer votre four à 340 degrés F. Tapisser une plaque à pâtisserie de papier parchemin ou de Silpat mar.

Mélanger les feuilles de chou frisé avec le reste des ingrédients jusqu'à ce qu'elles soient bien enrobées.

Cuire au four préchauffé pendant environ 13 minutes, en tournant la casserole une ou deux fois. Bon Appetit!

Trempette au fromage et aux noix de cajou

(Prêt en 10 minutes environ | Pour 8 personnes)

Par portion : Calories : 115 ; Matières grasses : 8,6 g ; Glucides : 6,6 g ; Protéines : 4,4 g

Ingrédients

1 tasse de noix de cajou crues

1 citron fraîchement pressé

2 cuillères à soupe de tahini

2 cuillères à soupe de levure alimentaire

1/2 cuillère à café de poudre de curcuma

1/2 cuillère à café de flocons de piment rouge broyés

Sel de mer et poivre noir moulu, au goût

Adresses

Mettez tous les ingrédients dans le bol de votre robot culinaire. Mélanger jusqu'à consistance lisse, crémeuse et lisse. Vous pouvez ajouter un peu d'eau pour l'éclaircir, au besoin.

Versez votre sauce dans un bol de service; servez-les avec des bâtonnets de légumes, des chips ou des craquelins.

Bon Appetit!

Trempette au houmous et au poivre

(Prêt en 10 minutes environ | Pour 10 personnes)

Par portion : Calories : 155 ; Matières grasses : 7,9 g ; Glucides : 17,4 g ; Protéines : 5,9 g

Ingrédients

20 onces de pois chiches en conserve ou bouillis, égouttés

1/4 tasse de tahini

2 gousses d'ail hachées

2 cuillères à soupe de jus de citron fraîchement pressé

1/2 tasse de pois chiche liquide

2 poivrons rouges rôtis, épépinés et tranchés

1/2 cuillère à café de paprika

1 cuillère à café de basilic séché

Sel de mer et poivre noir moulu, au goût

2 cuillères à soupe d'huile d'olive

Adresses

Mélangez tous les ingrédients, sauf l'huile, dans votre mélangeur ou votre robot culinaire jusqu'à l'obtention de la consistance désirée.

Placer dans votre réfrigérateur jusqu'au moment de servir.

Servir avec des tranches de pita grillées ou des croustilles, si désiré. Bon Appetit!

mutabal libanais traditionnel

(Prêt en 10 minutes environ | Pour 6 personnes)

Par portion : Calories : 115 ; Matières grasses : 7,8 g ; Glucides : 9,8 g ; Protéines : 2,9 g

Ingrédients

1 livre d'aubergine

1 oignon haché

1 cuillère à soupe de pâte d'ail

4 cuillères à soupe de tahini

1 cuillère à soupe d'huile de noix de coco

2 cuillères à soupe de jus de citron

1/2 cuillère à café de coriandre moulue

1/4 tasse de clous de girofle moulus

1 cuillère à café de flocons de piment rouge

1 cuillère à café de piments fumés

Sel de mer et poivre noir moulu, au goût

Adresses

Griller l'aubergine jusqu'à ce que la peau devienne noire; Épluchez l'aubergine et placez-la dans le bol de votre robot culinaire.

Ajouter les ingrédients restants. Mixer jusqu'à ce que tout soit bien incorporé.

Servir avec des crostini ou du pain pita, si désiré. Bon Appetit!

Pois chiches rôtis à l'indienne

(Prêt en 10 minutes environ | Pour 8 personnes)

Par portion : Calories : 223 ; Matières grasses : 6,4 g ; Glucides : 32,2 g ; Protéines : 10,4 g

Ingrédients

2 tasses de pois chiches en conserve, égouttés

2 cuillères à soupe d'huile d'olive

1/2 cuillère à café d'ail en poudre

1/2 cuillère à café de paprika

1 cuillère à café de curry en poudre

1 cuillère à café de garam masala

Sel de mer et poivre rouge, au goût

Adresses

Séchez les pois chiches avec du papier absorbant. Arroser les pois chiches d'huile d'olive.

Rôtir les pois chiches dans le four préchauffé à 400 degrés F pendant environ 25 minutes, en remuant une ou deux fois.

Mélangez vos pois chiches avec les épices et dégustez !

Avocat à la Sauce Tahini

(Prêt en 10 minutes environ | Pour 4 personnes)

Par portion : Calories : 304 ; Matières grasses : 25,7 g ; Glucides : 17,6 g ; Protéines : 6 g

Ingrédients

2 gros avocats, dénoyautés et coupés en deux

4 cuillères à soupe de tahini

4 cuillères à soupe de sauce soja

1 cuillère à soupe de jus de citron

1/2 cuillère à café de flocons de piment rouge

Sel de mer et poivre noir moulu, au goût

1 cuillère à café d'ail en poudre

Adresses

Disposez les demi-avocats sur un plat de service.

Mélanger le tahini, la sauce soja, le jus de citron, le poivron rouge, le sel, le poivre noir et la poudre d'ail dans un petit bol. Répartir la sauce entre les moitiés d'avocat.

Bon Appetit!

Bouchées de patates douces

(Prêt en 25 minutes environ + temps de refroidissement | Pour 4 personnes)

Par portion : Calories : 232 ; Matières grasses : 7,1 g ; Glucides : 37 g ; Protéines : 8,4 g

Ingrédients

1 ½ livre de patates douces, râpées

2 œufs de chia

1/2 tasse de farine commune

1/2 tasse de chapelure

3 cuillères à soupe de houmous

Sel de mer et poivre noir, au goût.

1 cuillère à soupe d'huile d'olive

1/2 tasse de salsa

Adresses

Commencez par préchauffer votre four à 395 degrés F. Tapisser une plaque à pâtisserie de papier parchemin ou de tapis Silpat.

Bien mélanger tous les ingrédients, sauf la sauce, jusqu'à ce que tout soit bien incorporé.

Roulez la pâte en boules égales et placez-les dans votre réfrigérateur pendant environ 1 heure.

Faites cuire ces boules environ 25 minutes en les retournant à mi-cuisson. Bon Appetit!

Trempette aux poivrons grillés et aux tomates

(Prêt en 35 minutes environ | Pour 10 personnes)

Par portion : Calories : 90 ; Matières grasses : 5,7 g ; Glucides : 8,5 g ; Protéines : 1,9 g

Ingrédients

4 poivrons rouges

4 tomates

4 cuillères à soupe d'huile d'olive

1 oignon rouge haché

4 gousses d'ail

4 onces de pois chiches en conserve, égouttés

Sel de mer et poivre noir moulu, au goût

Adresses

Commencez par préchauffer votre four à 400 degrés F.

Placer les poivrons et les tomates sur une plaque de cuisson recouverte de papier sulfurisé. Cuire au four environ 30 minutes; pelez les poivrons et transférez-les dans votre robot culinaire avec les tomates rôties.

Pendant ce temps, faites chauffer 2 cuillères à soupe d'huile d'olive dans une poêle à feu moyen-vif. Faire sauter l'oignon et l'ail pendant environ 5 minutes ou jusqu'à ce qu'ils soient ramollis.

Ajoutez les légumes sautés à votre robot culinaire. Ajouter les pois chiches, le sel, le poivre et le reste de l'huile d'olive; mélanger jusqu'à consistance crémeuse et lisse.

Bon Appetit!

mélange de fête classique

(Prêt en 1 heure 5 minutes environ | Pour 15 personnes)

Par portion : Calories : 290 ; Matières grasses : 12,2 g ; Glucides : 39 g ; Protéines : 7,5 g

Ingrédients

5 tasses de céréales de maïs végétaliennes

3 tasses de mini bretzels végétaliens

1 tasse d'amandes grillées

1/2 tasse de graines de citrouille grillées

1 cuillère à soupe de levure alimentaire

1 cuillère à soupe de vinaigre balsamique

1 cuillère à soupe de sauce soja

1 cuillère à café d'ail en poudre

1/3 tasse de beurre végétalien

Adresses

Commencez par préchauffer votre four à 250 degrés F. Tapisser une grande plaque à pâtisserie de papier parchemin ou d'un tapis Silpat.

Mélanger les céréales, les bretzels, les amandes et les graines de citrouille dans un bol de service.

Dans une petite casserole, faire fondre le reste des ingrédients à feu modéré. Verser la sauce sur le mélange céréales-noix.

Cuire au four environ 1 heure, en remuant toutes les 15 minutes, jusqu'à ce qu'ils soient dorés et parfumés. Transférer sur une grille pour refroidir complètement. Bon Appetit!

Crostinis à l'ail et à l'huile d'olive

(Prêt en 10 minutes environ | Pour 4 personnes)

Par portion : Calories : 289 ; Matières grasses : 8,2 g ; Glucides : 44,9 g ; Protéines : 9,5 g

Ingrédients

1 baguette de blé entier, tranchée

4 cuillères à soupe d'huile d'olive extra vierge

1/2 cuillère à café de sel de mer

3 gousses d'ail, coupées en deux

Adresses

Préchauffez votre gril.

Badigeonner chaque tranche de pain d'huile d'olive et saupoudrer de fleur de sel. Placer sous le gril préchauffé pendant environ 2 minutes ou jusqu'à ce qu'ils soient légèrement grillés.

Frotter chaque tranche de pain avec l'ail et servir. Bon Appetit!

Boulettes de viande végétaliennes classiques

(Prêt en 15 minutes environ | Pour 4 personnes)

Par portion : Calories : 159 ; Matières grasses : 9,2 g ; Glucides : 16,3 g ; Protéines : 2,9 g

Ingrédients

1 tasse de riz brun, cuit et refroidi

1 tasse de haricots rouges en conserve ou bouillis, égouttés

1 cuillère à café d'ail frais haché

1 petit oignon haché

Sel de mer et poivre noir moulu, au goût

1/2 cuillère à café de piment de Cayenne

1/2 cuillère à café de paprika fumé

1/2 cuillère à café de graines de coriandre

1/2 cuillère à café de graines de moutarde à la coriandre

2 cuillères à soupe d'huile d'olive

Adresses

Dans un bol, bien mélanger tous les ingrédients sauf l'huile d'olive. Bien mélanger, puis façonner le mélange en boules égales avec vos mains huilées.

Ensuite, faites chauffer l'huile d'olive dans une poêle antiadhésive à feu moyen. Une fois chaudes, faites frire les boulettes de viande pendant environ 10 minutes jusqu'à ce qu'elles soient dorées de tous les côtés.

Servir avec des pics à cocktail et régalez-vous !

Panais rôtis au vinaigre balsamique

(Prêt en 30 minutes environ | Pour 6 personnes)

Par portion : Calories : 174 ; Matières grasses : 9,3 g ; Glucides : 22,2 g ; Protéines : 1,4 g

Ingrédients

1 ½ livre de panais, coupés en bâtonnets

1/4 tasse d'huile d'olive

1/4 tasse de vinaigre balsamique

1 cuillère à café de moutarde de Dijon

1 cuillère à café de graines de fenouil

Sel de mer et poivre noir moulu, au goût

1 cuillère à café de mélange d'épices méditerranéennes

Adresses

Mélanger tous les ingrédients dans un bol à mélanger jusqu'à ce que les panais soient bien enrobés.

Faire rôtir le panais dans le four préchauffé à 400 degrés F pendant environ 30 minutes, en remuant à mi-cuisson.

Servir à température ambiante et déguster !

baba ganoush traditionnel

(Prêt en 25 minutes environ | Pour 8 personnes)

Par portion : Calories : 104 ; Matières grasses : 8,2 g ; Glucides : 5,3 g ; Protéines : 1,6 g

Ingrédients

1 livre d'aubergines, tranchées

1 cuillère à café de gros sel de mer

3 cuillères à soupe d'huile d'olive

3 cuillères à soupe de jus de citron frais

2 gousses d'ail hachées

3 cuillères à soupe de tahini

1/4 cuillère à café de clous de girofle moulus

1/2 cuillère à café de cumin moulu

2 cuillères à soupe de persil frais haché

Adresses

Frotter le sel de mer sur les tranches d'aubergine. Ensuite, placez-les dans une passoire et laissez reposer environ 15 minutes; égoutter, rincer et sécher avec des essuie-tout.

Griller l'aubergine jusqu'à ce que la peau devienne noire; Épluchez l'aubergine et placez-la dans le bol de votre robot culinaire.

Ajouter l'huile d'olive, le jus de citron vert, l'ail, le tahini, les clous de girofle et le cumin. Mixer jusqu'à ce que tout soit bien incorporé.

Décorez de feuilles de persil frais et dégustez !

Bouchées au beurre d'arachide

(Prêt en 5 minutes environ | Pour 2 personnes)

Par portion : Calories : 143 ; Matières grasses : 3,9 g ; Glucides : 26,3 g ; Protéines : 2,6 g

Ingrédients

8 dattes fraîches, dénoyautées et coupées en deux

8 cuillères à café de beurre de cacahuète

1/4 cuillère à café de cannelle moulue

Adresses

Répartir le beurre de cacahuète entre les moitiés de dattes.

Saupoudrer de cannelle et servir immédiatement. Bon Appetit!

Trempette de chou-fleur rôti

(Prêt en 30 minutes environ | Pour 7 personnes)

Par portion : Calories : 142 ; Matières grasses : 12,5 g ; Glucides : 6,3 g ; Protéines : 2,9 g

Ingrédients

1 livre de bouquets de chou-fleur

1/4 tasse d'huile d'olive

4 cuillères à soupe de tahini

1/2 cuillère à café de paprika

Sel de mer et poivre noir moulu, au goût

2 cuillères à soupe de jus de citron vert frais

2 gousses d'ail hachées

Adresses

Commencez par préchauffer le four à 420 degrés F. Mélangez les bouquets de chou-fleur avec l'huile d'olive et placez-les sur une plaque à pâtisserie recouverte de papier sulfurisé.

Cuire au four environ 25 minutes ou jusqu'à tendreté.

Ensuite, écrasez le chou-fleur avec le reste des ingrédients, en ajoutant le liquide de cuisson au besoin.

Arroser d'un peu d'huile d'olive supplémentaire, si désiré.
Bon Appetit!

Rouleaux de courgettes faciles

(Prêt en 10 minutes environ | Pour 5 personnes)

Par portion : Calories : 99 ; Matières grasses : 4,4 g ; Glucides : 12,1 g ; Protéines : 3,1 g

Ingrédients

1 tasse de houmous, de préférence fait maison

1 tomate moyenne hachée

1 cuillère à café de moutarde

1/4 cuillère à café d'origan

1/2 cuillère à café de piment de Cayenne

Sel de mer et poivre noir moulu, au goût

1 grosse courgette, coupée en lanières

2 cuillères à soupe de basilic frais haché

2 cuillères à soupe de persil frais haché

Adresses

Dans un bol, bien mélanger le houmous, la tomate, la moutarde, l'origan, le poivre de Cayenne, le sel et le poivre noir.

Répartir la garniture sur les lanières de courgettes et répartir uniformément. Rouler les courgettes et garnir de basilic frais et de persil.

Bon Appetit!

Frites Chipotle

(Prêt en 45 minutes environ | Pour 4 personnes)

Par portion : Calories : 186 ; Matières grasses : 7,1 g ; Glucides : 29,6 g ; Protéines : 2,5 g

Ingrédients

4 patates douces moyennes, pelées et coupées en bâtonnets

2 cuillères à soupe d'huile d'arachide

Sel de mer et poivre noir moulu, au goût

1 cuillère à café de piment chipotle en poudre

1/4 cuillère à café de piment de la Jamaïque moulu

1 cuillère à café de cassonade

1 cuillère à café de romarin séché

Adresses

Mélanger les frites de patates douces avec le reste des ingrédients.

Faites cuire vos frites à 375 degrés F pendant environ 45 minutes ou jusqu'à ce qu'elles soient dorées; assurez-vous de remuer les frites une ou deux fois.

Servir avec votre trempette préférée, si désiré. Bon Appetit!

Trempette aux haricots cannellini

(Prêt en 10 minutes environ | Pour 6 personnes)

Par portion : Calories : 123 ; Matières grasses : 4,5 g ; Glucides : 15,6 g ; Protéines : 5,6 g

Ingrédients

10 onces de haricots cannellini en conserve, égouttés

1 gousse d'ail hachée

2 poivrons rôtis, tranchés

Poivre noir de mer fraîchement moulu, au goût

1/2 cuillère à café de cumin moulu

1/2 cuillère à café de graines de moutarde

1/2 cuillère à café de feuilles de laurier moulues

3 cuillères à soupe de tahini

2 cuillères à soupe de persil italien frais, haché

Adresses

Mettez tous les ingrédients, sauf le persil, dans le bol de votre mixeur ou robot culinaire. Blitz jusqu'à ce qu'il soit bien mélangé.

Transférer la sauce dans un bol de service et garnir de persil frais.

Servir avec des pointes de pita, des croustilles de tortilla ou des bâtonnets de légumes, si désiré. Apprécier!

Chou-fleur rôti aux épices

(Prêt en 25 minutes environ | Pour 6 personnes)

Par portion : Calories : 115 ; Matières grasses : 9,3 g ; Glucides : 6,9 g ; Protéines : 5,6 g

Ingrédients

1 ½ livre de bouquets de chou-fleur

1/4 tasse d'huile d'olive

4 cuillères à soupe de vinaigre de cidre de pomme

2 gousses d'ail, pressées

1 cuillère à café de basilic séché

1 cuillère à café d'origan séché

Sel de mer et poivre noir moulu, au goût

Adresses

Commencez par préchauffer votre four à 420 degrés F.

Mélangez les bouquets de chou-fleur avec le reste des ingrédients.

Déposer les bouquets de chou-fleur sur une plaque à pâtisserie tapissée de papier sulfurisé. Cuire les bouquets de chou-fleur dans le four préchauffé pendant environ 25 minutes ou jusqu'à ce qu'ils soient légèrement carbonisés.

Bon Appetit!

toum libanais facile

(Prêt en 10 minutes environ | Pour 6 personnes)

Par portion : Calories : 252 ; Matières grasses : 27 g ; Glucides : 3,1 g ; Protéines : 0,4 g

Ingrédients

2 têtes d'ail

1 cuillère à café de gros sel de mer

1 ½ tasse d'huile d'olive

1 citron fraîchement pressé

2 tasses de carottes, coupées en allumettes

Adresses

Réduire en purée les gousses d'ail et le sel dans votre robot culinaire d'un mélangeur à grande vitesse jusqu'à consistance crémeuse et lisse, en raclant les parois du bol.

Ajouter progressivement et lentement l'huile d'olive et le jus de citron, en alternant entre ces deux ingrédients pour créer une sauce mousseuse.

Mélanger jusqu'à ce que la sauce épaississe. Servir avec des bâtonnets de carottes et régalez-vous !

Avocat avec vinaigrette épicée au gingembre

(Prêt en 10 minutes environ | Pour 4 personnes)

Par portion : Calories : 295 ; Matières grasses : 28,2 g ; Glucides : 11,3 g ; Protéines : 2,3 g

Ingrédients

2 avocats, dénoyautés et coupés en deux

1 gousse d'ail, pressée

1 cuillère à café de gingembre frais, pelé et haché

2 cuillères à soupe de vinaigre balsamique

4 cuillères à soupe d'huile d'olive extra vierge

Sel casher et poivre noir moulu, au goût

Adresses

Disposez les demi-avocats sur un plat de service.

Mélanger l'ail, le gingembre, le vinaigre, l'huile d'olive, le sel et le poivre noir dans un petit bol. Répartir la sauce entre les moitiés d'avocat.

Bon Appetit!

Mélange de collations aux pois chiches

(Prêt en 30 minutes environ | Pour 8 personnes)

Par portion : Calories : 109 ; Matières grasses : 7,9 g ; Glucides : 7,4 g ; Protéines : 3,4 g

Ingrédients

- 1 tasse de pois chiches rôtis, égouttés
- 2 cuillères à soupe d'huile de noix de coco fondue
- 1/4 tasse de graines de citrouille crues
- 1/4 tasse de moitiés de noix crues
- 1/3 tasse de cerises séchées

Adresses

Séchez les pois chiches avec du papier absorbant. Arroser les pois chiches d'huile de noix de coco.

Rôtir les pois chiches dans le four préchauffé à 380 degrés F pendant environ 20 minutes, en remuant une ou deux fois.

Mélanger les pois chiches avec les graines de citrouille et les moitiés de noix. Poursuivre la cuisson jusqu'à ce que les noix soient parfumées, environ 8 minutes; laisser refroidir complètement.

Ajouter les cerises séchées et remuer pour combiner. Bon Appetit!

Sauce Muhammara revisitée

(Prêt en 35 minutes environ | Pour 9 personnes)

Par portion : Calories : 149 ; Matières grasses : 11,5 g ; Glucides : 8,9 g ; Protéines : 2,4 g

Ingrédients

3 poivrons rouges

5 cuillères à soupe d'huile d'olive

2 gousses d'ail hachées

1 tomate hachée

3/4 tasse de chapelure

2 cuillères à soupe de mélasse

1 cuillère à café de cumin moulu

1/4 graines de tournesol grillées

1 piment Maras, haché

2 cuillères à soupe de tahini

Sel de mer et poivre rouge, au goût

Adresses

Commencez par préchauffer votre four à 400 degrés F.

Déposer les poivrons sur une plaque à pâtisserie tapissée de papier sulfurisé. Cuire au four environ 30 minutes; pelez les poivrons et transférez-les dans votre robot culinaire.

Pendant ce temps, faites chauffer 2 cuillères à soupe d'huile d'olive dans une poêle à feu moyen-vif. Faire sauter l'ail et les tomates pendant environ 5 minutes ou jusqu'à ce qu'ils soient ramollis.

Ajoutez les légumes sautés à votre robot culinaire. Ajouter le reste des ingrédients et mélanger jusqu'à consistance crémeuse et lisse.

Bon Appetit!

Crostinis aux épinards, pois chiches et ail

(Prêt en 10 minutes environ | Pour 6 personnes)

Par portion : Calories : 242 ; Matières grasses : 6,1 g ; Glucides : 38,5 g ; Protéines : 8,9 g

Ingrédients

- 1 baguette, tranchée
- 4 cuillères à soupe d'huile d'olive extra vierge
- Sel de mer et poivre rouge, pour assaisonner
- 3 gousses d'ail, hachées
- 1 tasse de pois chiches bouillis, égouttés
- 2 tasses d'épinards
- 1 cuillère à soupe de jus de citron frais

Adresses

Préchauffez votre gril.

Badigeonner les tranches de pain avec 2 cuillères à soupe d'huile d'olive et saupoudrer de sel marin et de poivre rouge. Placer sous le gril préchauffé pendant environ 2 minutes ou jusqu'à ce qu'ils soient légèrement grillés.

Dans un bol, bien mélanger l'ail, les pois chiches, les épinards, le jus de citron et les 2 cuillères à soupe d'huile d'olive restantes.

Verser le mélange de pois chiches sur chaque toast. Bon Appetit!

Boulettes de viande aux champignons et aux haricots cannellini

(Prêt en 15 minutes environ | Pour 4 personnes)

Par portion : Calories : 195 ; Matières grasses : 14,1 g ; Glucides : 13,2 g ; Protéines : 3,9 g

Ingrédients

4 cuillères à soupe d'huile d'olive

1 tasse de champignons hachés

1 échalote hachée

2 gousses d'ail écrasées

1 tasse de haricots cannellini en conserve ou bouillis, égouttés

1 tasse de quinoa cuit

Sel de mer et poivre noir moulu, au goût

1 cuillère à café de paprika fumé

1/2 cuillère à café de flocons de piment rouge

1 cuillère à café de graines de moutarde

1/2 cuillère à café d'aneth séché

Adresses

Faites chauffer 2 cuillères à soupe d'huile d'olive dans une poêle antiadhésive. Une fois chauds, cuire les champignons et l'échalote pendant 3 minutes ou jusqu'à ce qu'ils soient tendres.

Ajouter l'ail, les haricots, le quinoa et les épices. Bien mélanger, puis façonner le mélange en boules égales avec vos mains huilées.

Ensuite, faites chauffer les 2 cuillères à soupe d'huile d'olive restantes dans une poêle antiadhésive à feu moyen. Une fois chaudes, faites frire les boulettes de viande pendant environ 10 minutes jusqu'à ce qu'elles soient dorées de tous les côtés.

Servir avec des pics à cocktail. Bon Appetit!

Rondelles de concombre avec houmous

(Prêt en 10 minutes environ | Pour 6 personnes)

Par portion : Calories : 88 ; Matières grasses : 3,6 g ; Glucides : 11,3 g ; Protéines : 2,6 g

Ingrédients

1 tasse de houmous, de préférence fait maison

2 grosses tomates, coupées en dés

1/2 cuillère à café de flocons de piment rouge

Sel de mer et poivre noir moulu, au goût

2 concombres anglais, tranchés

Adresses

Répartir la trempette au houmous entre les tranches de concombre.

Garnissez-les de tomates; saupoudrer de flocons de piment rouge, de sel et de poivre noir sur chaque concombre.

Servir très frais et déguster !

Bouchées de jalapeños farcies

(Prêt en 15 minutes environ | Pour 6 personnes)

Par portion : Calories : 108 ; Matières grasses : 6,6 g ; Glucides : 7,3 g ; Protéines : 5,3 g

Ingrédients

1/2 tasse de graines de tournesol crues, trempées toute la nuit et égouttées

4 cuillères à soupe de ciboulette hachée

1 cuillère à café d'ail haché

3 cuillères à soupe de levure nutritionnelle

1/2 tasse de crème d'oignon

1/2 cuillère à café de piment de Cayenne

1/2 cuillère à café de graines de moutarde

12 jalapeños, coupés en deux et épépinés

1/2 tasse de chapelure

Adresses

Dans votre robot culinaire ou votre mélangeur à grande vitesse, mélangez les graines de tournesol crues, les oignons verts, l'ail, la levure nutritionnelle, la soupe, le poivre de Cayenne et les graines de moutarde jusqu'à ce qu'ils soient bien combinés.

Verser le mélange dans les jalapeños et recouvrir de chapelure.

Cuire au four préchauffé à 400 degrés F pendant environ 13 minutes ou jusqu'à ce que les poivrons ramollissent. Servir chaud.

Bon Appetit!

Rondelles d'oignon mexicaines

(Prêt en 35 minutes environ | Pour 6 personnes)

Par portion : Calories : 213 ; Matières grasses : 10,6 g ; Glucides : 26,2 g ; Protéines : 4,3 g

Ingrédients

2 oignons moyens, coupés en rondelles

1/4 tasse de farine tout usage

1/4 tasse de farine d'épeautre

1/3 tasse de lait de riz, non sucré

1/3 tasse de bière

Sel de mer et poivre noir moulu, pour l'assaisonnement

1/2 cuillère à café de piment de Cayenne

1/2 cuillère à café de graines de moutarde

1 tasse de croustilles tortillas, écrasées

1 cuillère à soupe d'huile d'olive

Adresses

Commencez par préchauffer votre four à 420 degrés F.

Dans un bol peu profond, fouetter ensemble la farine, le lait et la bière.

Dans un autre bol peu profond, mélanger les épices avec les croustilles de tortilla écrasées. Tremper les rondelles d'oignon dans le mélange de farine.

Ensuite, roulez-les sur le mélange d'épices en appuyant pour bien les enrober.

Disposez les rondelles d'oignon sur une plaque à pâtisserie tapissée de papier sulfurisé. Badigeonnez d'huile d'olive et enfournez pour environ 30 minutes. Bon Appetit!

Racines de légumes rôties

(Prêt en 35 minutes environ | Pour 6 personnes)

Par portion : Calories : 261 ; Matières grasses : 18,2 g ; Glucides : 23,3 g ; Protéines : 2,3 g

Ingrédients

1/4 tasse d'huile d'olive

2 carottes, pelées et coupées en morceaux de 1 ½ pouce

2 panais, pelés et coupés en morceaux de 1 ½ pouce

1 branche de céleri, pelée et coupée en morceaux de 1 ½ pouce

1 livre de patates douces, pelées et coupées en morceaux de 1 ½ pouce

1/4 tasse d'huile d'olive

1 cuillère à café de graines de moutarde

1/2 cuillère à café de basilic

1/2 cuillère à café d'origan

1 cuillère à café de flocons de piment rouge

1 cuillère à café de thym séché

Sel de mer et poivre noir moulu, au goût

Adresses

Mélanger les légumes avec le reste des ingrédients jusqu'à ce qu'ils soient bien enrobés.

Rôtir les légumes dans le four préchauffé à 400 degrés F pendant environ 35 minutes, en remuant à mi-cuisson.

Goûtez, rectifiez l'assaisonnement et servez chaud. Bon Appetit!

Trempette à l'houmous à l'indienne

(Prêt en 10 minutes environ | Pour 10 personnes)

Par portion : Calories : 171 ; Matières grasses : 10,4 g ; Glucides : 15,3 g ; Protéines : 5,4 g

Ingrédients

20 onces de pois chiches en conserve ou bouillis, égouttés

1 cuillère à café d'ail émincé

1/4 tasse de tahini

1/4 tasse d'huile d'olive

1 citron vert fraîchement pressé

1/4 cuillère à café de curcuma

1/2 cuillère à café de cumin en poudre

1 cuillère à café de curry en poudre

1 cuillère à café de graines de coriandre

1/4 tasse de pois chiches liquides, ou plus au besoin

2 cuillères à soupe de coriandre fraîche, hachée

Adresses

Mélangez les pois chiches, l'ail, le tahini, l'huile d'olive, le citron vert, le curcuma, le cumin, la poudre de curry et les graines de coriandre dans votre mélangeur ou votre robot culinaire.

Mélanger jusqu'à consistance désirée, en ajoutant graduellement le liquide de pois chiches.

Placer dans votre réfrigérateur jusqu'au moment de servir. Garnir de coriandre fraîche.

Servir avec du pain naan ou des bâtonnets de légumes, si désiré. Bon Appetit!

Trempette aux carottes et haricots rôtis

(Prêt en 55 minutes environ | Pour 10 personnes)

Par portion : Calories : 121 ; Matières grasses : 8,3 g ; Glucides : 11,2 g ; Protéines : 2,8 g

Ingrédients

1 ½ livre de carottes, hachées

2 cuillères à soupe d'huile d'olive

4 cuillères à soupe de tahini

8 onces de haricots cannellini en conserve, égouttés

1 cuillère à café d'ail haché

2 cuillères à soupe de jus de citron

2 cuillères à soupe de sauce soja

Sel de mer et poivre noir moulu, au goût

1/2 cuillère à café de paprika

1/2 cuillère à café d'aneth séché

1/4 tasse de graines de citrouille grillées

Adresses

Commencez par préchauffer votre four à 390 degrés F. Tapisser une plaque à pâtisserie de papier parchemin.

Maintenant, mélangez les carottes avec l'huile d'olive et placez-les sur la plaque à pâtisserie préparée.

Faire rôtir les carottes pendant environ 50 minutes ou jusqu'à ce qu'elles soient tendres. Transférer les carottes rôties dans le bol de votre robot culinaire.

Ajouter le tahini, les haricots, l'ail, le jus de citron, la sauce soja, le sel, le poivre noir, le paprika et l'aneth. Mélangez jusqu'à ce que votre sauce soit lisse et crémeuse.

Garnissez de graines de citrouille grillées et servez-les avec les casseroles de votre choix. Bon Appetit!

Sushi de courgettes rapide et facile

(Prêt en 10 minutes environ | Pour 5 personnes)

Par portion : Calories : 129 ; Matières grasses : 6,3 g ; Glucides : 15,9 g ; Protéines : 2,5 g

Ingrédients

1 tasse de riz cuit

1 carotte râpée

1 petit oignon râpé

1 avocat, haché

1 gousse d'ail hachée

Sel de mer et poivre noir moulu, au goût

1 courgette moyenne, coupée en lanières

Sauce wasabi, pour servir

Adresses

Dans un bol, bien mélanger le riz, la carotte, l'oignon, l'avocat, l'ail, le sel et le poivre noir.

Répartir la garniture sur les lanières de courgettes et répartir uniformément. Rouler les courgettes et servir avec la sauce Wasabi.

Bon Appetit!

Tomates cerises avec houmous

(Prêt en 10 minutes environ | Pour 8 personnes)

Par portion : Calories : 49 ; Matières grasses : 2,5 g ; Glucides : 4,7 g ; Protéines : 1,3 g

Ingrédients

1/2 tasse de houmous, de préférence fait maison

2 cuillères à soupe de mayonnaise végétalienne

1/4 tasse de ciboulette hachée

16 tomates cerises, retirer la pulpe

2 cuillères à soupe de coriandre fraîche hachée

Adresses

Dans un bol, bien mélanger le houmous, la mayonnaise et la ciboulette.

Répartir le mélange de houmous parmi les tomates. Garnir de coriandre fraîche et servir.

Bon Appetit!

Champignons rôtis au four

(Prêt en 20 minutes environ | Pour 4 personnes)

Par portion : Calories : 136 ; Matières grasses : 10,5 g ; Glucides : 7,6 g ; Protéines : 5,6 g

Ingrédients

1 ½ livre de champignons, nettoyés

3 cuillères à soupe d'huile d'olive

3 gousses d'ail, hachées

1 cuillère à café d'origan séché

1 cuillère à café de basilic séché

1/2 cuillère à café de romarin séché

Sel casher et poivre noir moulu, au goût

Adresses

Mélanger les champignons avec les ingrédients restants.

Disposez les champignons sur une plaque de cuisson tapissée de papier sulfurisé.

Cuire les champignons dans le four préchauffé à 420 degrés F pendant environ 20 minutes ou jusqu'à ce qu'ils soient tendres et parfumés.

Disposez les champignons sur un plateau et servez avec des pics à cocktail. Bon Appetit!

chips de chou frisé au fromage

(Prêt en 1h30 environ | Pour 6 personnes)

Par portion : Calories : 121 ; Matières grasses : 7,5 g ; Glucides : 8,4 g ; Protéines : 6,5 g

Ingrédients

1/2 tasse de graines de tournesol, trempées toute la nuit et égouttées

1/2 tasse de noix de cajou, trempées toute la nuit et égouttées

1/3 tasse de levure nutritionnelle

2 cuillères à soupe de jus de citron

1 cuillère à café de poudre d'oignon

1 cuillère à café d'ail en poudre

1 cuillère à café de paprika

Sel de mer et poivre noir moulu, au goût

1/2 tasse d'eau

4 tasses de chou frisé, coupé en morceaux

Adresses

Dans votre robot culinaire ou votre mélangeur à grande vitesse, mélangez les graines de tournesol crues, les noix de cajou, la levure alimentaire, le jus de citron, la poudre d'oignon, la poudre d'ail, le paprika, le sel, le poivre noir moulu et l'eau jusqu'à ce qu'ils soient bien mélangés.

Verser le mélange sur les feuilles de chou frisé et remuer jusqu'à ce qu'il soit bien enrobé.

Cuire au four préchauffé à 220 degrés F pendant environ 1 heure 30 minutes ou jusqu'à ce qu'ils soient croustillants.

Bon Appetit!

Bateaux d'avocat avec houmous

(Prêt en 10 minutes environ | Pour 4 personnes)

Par portion : Calories : 297 ; Matières grasses : 21,2 g ; Glucides : 23,9 g ; Protéines : 6 g

Ingrédients

1 cuillère à soupe de jus de citron frais

2 avocats mûrs, coupés en deux et dénoyautés

8 onces de houmous

1 gousse d'ail hachée

1 tomate moyenne hachée

Sel de mer et poivre noir moulu, au goût

1/2 cuillère à café de poudre de curcuma

1/2 cuillère à café de piment de Cayenne

1 cuillère à soupe de tahini

Adresses

Versez un filet de jus de citron frais sur les moitiés d'avocat.

Mélanger l'houmous, l'ail, la tomate, le sel, le poivre noir, la poudre de curcuma, le poivre de Cayenne et le tahini. Versez la garniture dans vos avocats.

Sers immédiatement.

Champignons farcis au nacho

(Prêt en 25 minutes environ | Pour 5 personnes)

Par portion : Calories : 210 ; Matières grasses : 13,4 g ; Glucides : 17,7 g ; Protéines : 6,9 g

Ingrédients

1 tasse de croustilles tortillas, écrasées

1 tasse de haricots noirs cuits ou en conserve, égouttés

4 cuillères à soupe de beurre végétalien

2 cuillères à soupe de tahini

4 cuillères à soupe de ciboulette hachée

1 cuillère à café d'ail haché

1 jalapeno haché

1 cuillère à café d'origan mexicain

1 cuillère à café de poivre de Cayenne

Sel de mer et poivre noir moulu, au goût

15 champignons moyens, propres, sans pieds

Adresses

Bien mélanger tous les ingrédients, sauf les champignons, dans un bol à mélanger.

Répartir le mélange de nachos parmi vos champignons.

Cuire au four préchauffé à 350 degrés F pendant environ 20 minutes ou jusqu'à ce qu'ils soient tendres et bien cuits. Bon Appetit!

Wraps de laitue avec houmous et avocat

(Prêt en 10 minutes environ | Pour 6 personnes)

Par portion : Calories : 115 ; Matières grasses : 6,9 g ; Glucides : 11,6 g ; Protéines : 2,6 g

Ingrédients

1/2 tasse de houmous

1 tomate hachée

1 carotte râpée

1 avocat moyen, dénoyauté et coupé en dés

1 cuillère à café de vinaigre blanc

1 cuillère à café de sauce soja

1 cuillère à café de sirop d'agave

1 cuillère à soupe de sauce sriracha

1 cuillère à café d'ail haché

1 cuillère à café de gingembre fraîchement râpé

Sel casher et poivre noir moulu, au goût

1 tête de laitue beurre, séparée en feuilles

Adresses

Bien mélanger le houmous, la tomate, la carotte et l'avocat. Mélanger le vinaigre blanc, la sauce soja, le sirop d'agave, la sauce Sriracha, l'ail, le gingembre, le sel et le poivre noir.

Répartir la garniture entre les feuilles de laitue, les rouler et servir avec la sauce à côté.

Bon Appetit!

choux de Bruxelles rôtis

(Prêt en 35 minutes environ | Pour 6 personnes)

Par portion : Calories : 151 ; Matières grasses : 9,6 g ; Glucides : 14,5 g ; Protéines : 5,3 g

Ingrédients

2 livres de choux de Bruxelles

1/4 tasse d'huile d'olive

Gros sel de mer et poivre noir moulu, au goût

1 cuillère à café de flocons de piment rouge

1 cuillère à café d'origan séché

1 cuillère à café de persil séché

1 cuillère à café de graines de moutarde

Adresses

Mélanger les choux de Bruxelles avec le reste des ingrédients jusqu'à ce qu'ils soient bien enrobés.

Rôtir les légumes dans le four préchauffé à 400 degrés F pendant environ 35 minutes, en remuant à mi-cuisson.

Goûtez, rectifiez l'assaisonnement et servez chaud. Bon Appetit!

Poppers de patates douces Poblano

(Prêt en 25 minutes environ | Pour 7 personnes)

Par portion : Calories : 145 ; Matières grasses : 3,6 g ; Glucides : 24,9 g ; Protéines : 5,3 g

Ingrédients

1/2 livre de chou-fleur, paré et coupé en dés

1 livre de patates douces, pelées et coupées en dés

1/2 tasse de lait de cajou, non sucré

1/4 tasse de mayonnaise végétalienne

1/2 cuillère à café de curry en poudre

1/2 cuillère à café de piment de Cayenne

1/4 cuillère à café d'aneth séché

Poivre noir de la mer et du sol, au goût

1/2 tasse de chapelure fraîche

14 piments poblano frais, coupés en deux, épépinés

Adresses

Cuire à la vapeur le chou-fleur et les patates douces pendant environ 10 minutes ou jusqu'à ce qu'ils soient ramollis. Maintenant, écrasez-les avec le lait de cajou.

Ajouter la mayonnaise végétalienne, la poudre de curry, le poivre de Cayenne, l'aneth, le sel et le poivre noir.

Verser le mélange sur les poivrons et recouvrir de chapelure.

Cuire au four préchauffé à 400 degrés F pendant environ 13 minutes ou jusqu'à ce que les poivrons ramollissent.

Bon Appetit!

Croustilles de courgettes au four

(Prêt en 1h30 environ | 7 portions)

Par portion : Calories : 48 ; Matières grasses : 4,2 g ; Glucides : 2 g ; Protéines : 1,7 g

Ingrédients

- 1 livre de courgettes, coupées en tranches de 1/8 de pouce d'épaisseur
- 2 cuillères à soupe d'huile d'olive
- 1/2 cuillère à café d'origan séché
- 1/2 cuillère à café de basilic séché
- 1/2 cuillère à café de flocons de piment rouge
- Sel de mer et poivre noir moulu, au goût

Adresses

Mélangez les courgettes avec le reste des ingrédients.

Disposez les tranches de courgettes en une seule couche sur une plaque à pâtisserie recouverte de papier sulfurisé.

Cuire au four à 235 degrés F pendant environ 90 minutes jusqu'à ce qu'ils soient croustillants et dorés. Les chips de courgettes vont devenir croustillantes en refroidissant.

Bon Appetit!

authentique sauce libanaise

(Prêt en 10 minutes environ | Pour 12 personnes)

Par portion : Calories : 117 ; Matières grasses : 6,6 g ; Glucides : 12,2 g ; Protéines : 4,3 g

Ingrédients

2 (15 onces) boîtes de haricots garbanzo/haricots garbanzo

4 cuillères à soupe de jus de citron

4 cuillères à soupe de tahini

2 cuillères à soupe d'huile d'olive

1 cuillère à café de pâte gingembre-ail

1 cuillère à café de mélange 7 épices libanais

Sel de mer et poivre noir moulu, au goût

1/3 tasse de pois chiche liquide

Adresses

Mélangez les pois chiches, le jus de citron, le tahini, l'huile d'olive, la pâte de gingembre et d'ail et les épices dans votre mélangeur ou votre robot culinaire.

Mélanger jusqu'à consistance désirée, en ajoutant graduellement le liquide de pois chiches.

Placer dans votre réfrigérateur jusqu'au moment de servir. Servir avec des bâtonnets de légumes, si désiré. Bon Appetit!

Boulettes de viande végétaliennes à l'avoine

(Prêt en 15 minutes environ | Pour 4 personnes)

Par portion : Calories : 284 ; Matières grasses : 10,5 g ; Glucides : 38,2 g ; Protéines : 10,4 g

Ingrédients

1 tasse de flocons d'avoine

1 tasse de pois chiches bouillis ou en conserve

2 gousses d'ail hachées

1 cuillère à café de poudre d'oignon

1/2 cuillère à café de cumin en poudre

1 cuillère à café de flocons de persil séché

1 cuillère à café de marjolaine séchée

1 cuillère à soupe de graines de chia, imbibées de 2 cuillères à soupe d'eau

Quelques filets de fumée liquide

Sel de mer et poivre noir fraîchement moulu, au goût

2 cuillères à soupe d'huile d'olive

Adresses

Bien mélanger les ingrédients, sauf l'huile d'olive. Bien mélanger, puis façonner le mélange en boules égales avec vos mains huilées.

Ensuite, faites chauffer l'huile d'olive dans une poêle antiadhésive à feu moyen. Une fois chaudes, faites frire les boulettes de viande pendant environ 10 minutes jusqu'à ce qu'elles soient dorées de tous les côtés.

Disposez les boulettes de viande sur un plat de service et servez avec des pics à cocktail. Bon Appetit!

Bateaux de poivrons sauce mangue

(Prêt en 5 minutes environ | Pour 4 personnes)

Par portion : Calories : 74 ; Matières grasses : 0,5 g ; Glucides : 17,6 g ; Protéines : 1,6 g

Ingrédients

1 mangue, pelée, dénoyautée et coupée en cubes

1 petite échalote, hachée

2 cuillères à soupe de coriandre fraîche, hachée

1 piment rouge, épépiné et haché

1 cuillère à soupe de jus de citron frais

4 poivrons, épépinés et coupés en deux

Adresses

Bien mélanger la mangue, l'échalote, la coriandre, le poivron rouge et le jus de lime.

Verser le mélange dans les moitiés de poivrons et servir immédiatement.

Bon Appetit!

Fleurons de brocoli épicés au romarin

(Prêt en 35 minutes environ | Pour 6 personnes)

Par portion : Calories : 135 ; Matières grasses : 9,5 g ; Glucides : 10,9 g ; Protéines : 4,4 g

Ingrédients

- 2 livres de bouquets de brocoli
- 1/4 tasse d'huile d'olive extra vierge
- Sel de mer et poivre noir moulu, au goût
- 1 cuillère à café de pâte gingembre-ail
- 1 cuillère à soupe de romarin frais haché
- 1/2 cuillère à café de zeste de citron

Adresses

Mélanger le brocoli avec le reste des ingrédients jusqu'à ce qu'il soit bien enrobé.

Rôtir les légumes dans le four préchauffé à 400 degrés F pendant environ 35 minutes, en remuant à mi-cuisson.

Goûtez, rectifiez l'assaisonnement et servez chaud. Bon Appetit!

Chips de betteraves croustillantes au four

(Prêt en 35 minutes environ | Pour 6 personnes)

Par portion : Calories : 92 ; Matières grasses : 9,1 g ; Glucides : 2,6 g ; Protéines : 0,5 g

Ingrédients

2 betteraves rouges, pelées et coupées en tranches de 1/8 de pouce d'épaisseur

1/4 tasse d'huile d'olive

Sel de mer et poivre noir moulu, au goût

1/2 cuillère à café de flocons de piment rouge

Adresses

Mélanger les tranches de betterave avec le reste des ingrédients.

Disposez les tranches de betterave en une seule couche sur une plaque à pâtisserie recouverte de papier sulfurisé.

Cuire au four à 400 degrés F pendant environ 30 minutes jusqu'à ce qu'ils soient croustillants. Bon Appetit!

Soupe de lentilles classique aux blettes

(Prêt en 25 minutes environ | Pour 5 personnes)

Par portion : Calories : 148 ; Matières grasses : 7,2 g ; Glucides : 14,6 g ; Protéines : 7,7 g

Ingrédients

2 cuillères à soupe d'huile d'olive

1 oignon blanc haché

1 cuillère à café d'ail haché

2 grosses carottes, hachées

1 panais haché

2 branches de céleri hachées

2 feuilles de laurier

1/2 cuillère à café de thym séché

1/4 cuillère à café de cumin moulu

5 tasses de bouillon de légumes rôtis

1 ¼ tasse de lentilles brunes, trempées toute la nuit et rincées

2 tasses de bettes à carde, coupées en morceaux

Adresses

Dans une casserole à fond épais, faites chauffer l'huile d'olive à feu moyen. Maintenant, faites sauter les légumes avec les épices pendant environ 3 minutes jusqu'à ce qu'ils soient tendres.

Ajouter le bouillon de légumes et les lentilles jusqu'à ébullition. Baissez immédiatement le feu pour faire mijoter et ajoutez les feuilles de laurier. Laisser cuire environ 15 minutes ou jusqu'à ce que les lentilles soient tendres.

Ajouter la bette à carde, couvrir et laisser mijoter 5 minutes supplémentaires ou jusqu'à ce que la bette à carde se ramollisse.

Servir dans des bols individuels et déguster !

Soupe hivernale épicée au farro

(Prêt en 30 minutes environ | Pour 4 personnes)

Par portion : Calories : 298 ; Matières grasses : 8,9 g ; Glucides : 44,6 g ; Protéines : 11,7 g

Ingrédients

2 cuillères à soupe d'huile d'olive

1 poireau moyen, haché

1 navet moyen, tranché

2 poivrons italiens, épépinés et hachés

1 piment jalapeno, émincé

2 pommes de terre, pelées et coupées en dés

4 tasses de bouillon de légumes

1 tasse de farro, rincé

1/2 cuillère à café d'ail granulé

1/2 cuillère à café de poudre de curcuma

1 baie de laurier

2 tasses d'épinards, en morceaux

Adresses

Dans une casserole à fond épais, faites chauffer l'huile d'olive à feu moyen. Maintenant, faites sauter le poireau, le navet, les poivrons et les pommes de terre pendant environ 5 minutes jusqu'à ce qu'ils soient tendres et croustillants.

Ajouter le bouillon de légumes, le farro, l'ail granulé, le curcuma et la feuille de laurier; porter à ébullition.

Baissez immédiatement le feu pour faire mijoter. Laisser cuire environ 25 minutes ou jusqu'à ce que le farro et les pommes de terre ramollissent.

Ajouter les épinards et retirer la casserole du feu; Laisser les épinards reposer dans la chaleur résiduelle jusqu'à ce qu'ils soient flétris. Bon Appetit!

Salade de pois chiches arc-en-ciel

(Prêt en 30 minutes environ | Pour 4 personnes)

Par portion : Calories : 378 ; Matières grasses : 24 g ; Glucides : 34,2 g ; Protéines : 10,1 g

Ingrédients

16 onces de pois chiches en conserve, égouttés

1 avocat moyen, tranché

1 poivron, épépiné et tranché

1 grosse tomate, tranchée

2 concombres, coupés en dés

1 oignon rouge tranché

1/2 cuillère à café d'ail haché

1/4 tasse de persil frais haché

1/4 tasse d'huile d'olive

2 cuillères à soupe de vinaigre de cidre de pomme

1/2 citron vert fraîchement pressé

Sel de mer et poivre noir moulu, au goût

Adresses

Mélanger tous les ingrédients dans un saladier.

Placez la salade au réfrigérateur pendant environ 1 heure avant de servir.

Bon Appetit!

Salade de lentilles à la méditerranéenne

(Prêt en 20 minutes environ + temps de refroidissement | Pour 5 personnes)

Par portion : Calories : 348 ; Graisses : 15 g ; Glucides : 41,6 g ; Protéines : 15,8 g

Ingrédients

1 ½ tasse de lentilles rouges, rincées

1 cuillère à café de moutarde de charcuterie

1/2 citron fraîchement pressé

2 cuillères à soupe de sauce tamari

2 tiges de ciboulette, hachées

1/4 tasse d'huile d'olive extra vierge

2 gousses d'ail hachées

1 tasse de laitue beurre, coupée en morceaux

2 cuillères à soupe de persil frais haché

2 cuillères à soupe de coriandre fraîche hachée

1 cuillère à café de basilic frais

1 cuillère à café d'origan frais

1 ½ tasse de tomates cerises, coupées en deux

3 onces d'olives Kalamata, dénoyautées et coupées en deux

Adresses

Dans une grande casserole, porter à ébullition 4 ½ tasses d'eau et les lentilles rouges.

Baissez immédiatement le feu pour laisser mijoter et poursuivez la cuisson des lentilles pendant environ 15 minutes ou jusqu'à ce qu'elles soient tendres. Égoutter et laisser refroidir complètement.

Transférer les lentilles dans un saladier; mélanger les lentilles avec le reste des ingrédients jusqu'à ce qu'ils soient bien mélangés.

Servir froid ou à température ambiante. Bon Appetit!

Salade d'asperges rôties et d'avocat

(Prêt en 20 minutes environ + temps de refroidissement | Pour 4 personnes)

Par portion : Calories : 378 ; Matières grasses : 33,2 g ; Glucides : 18,6 g ; Protéines : 7,8 g

Ingrédients

1 livre d'asperges, coupées en petits morceaux

1 oignon blanc haché

2 gousses d'ail hachées

1 tomate Roma, tranchée

1/4 tasse d'huile d'olive

1/4 tasse de vinaigre balsamique

1 cuillère à soupe de moutarde moulue sur pierre

2 cuillères à soupe de persil frais haché

1 cuillère à soupe de coriandre fraîche hachée

1 cuillère à soupe de basilic frais haché

Sel de mer et poivre noir moulu, au goût

1 petit avocat, dénoyauté et coupé en dés

1/2 tasse de pignons de pin, hachés

Adresses

Commencez par préchauffer votre four à 420 degrés F.

Mélangez les asperges avec 1 cuillère à soupe d'huile d'olive et placez-les sur une plaque à pâtisserie recouverte de papier sulfurisé.

Cuire environ 15 minutes en tournant la poêle une ou deux fois pour favoriser une cuisson homogène. Laissez-le refroidir complètement et placez-le dans votre saladier.

Mélanger les asperges avec les légumes, l'huile d'olive, le vinaigre, la moutarde et les herbes. Sel et poivre au goût.

Mélanger pour combiner et garnir d'avocat et de pignons de pin. Bon Appetit!

Salade de crème de haricots verts aux pignons de pin

(Prêt en 10 minutes environ + temps de refroidissement | Pour 5 personnes)

Par portion : Calories : 308 ; Matières grasses : 26,2 g ; Glucides : 16,6 g ; Protéines : 5,8 g

Ingrédients

1 ½ livre de haricots verts, hachés

2 tomates moyennes, coupées en dés

2 poivrons, épépinés et coupés en dés

4 cuillères à soupe d'échalotes hachées

1/2 tasse de pignons de pin, hachés

1/2 tasse de mayonnaise végétalienne

1 cuillère à soupe de moutarde de charcuterie

2 cuillères à soupe de basilic frais haché

2 cuillères à soupe de persil frais haché

1/2 cuillère à café de flocons de piment rouge broyés

Sel de mer et poivre noir fraîchement moulu, au goût

Adresses

Faire bouillir les haricots verts dans une grande casserole d'eau salée jusqu'à ce qu'ils soient tendres ou environ 2 minutes.

Égoutter et laisser les haricots refroidir complètement; puis, transférez-les dans un saladier. Mélanger les haricots avec les ingrédients restants.

Goûter et rectifier les assaisonnements. Bon Appetit!

Soupe de haricots cannellini au chou frisé

(Prêt en 25 minutes environ | Pour 5 personnes)

Par portion : Calories : 188 ; Matières grasses : 4,7 g ; Glucides : 24,5 g ; Protéines : 11,1 g

Ingrédients

1 cuillère à soupe d'huile d'olive

1/2 cuillère à café de gingembre haché

1/2 cuillère à café de graines de cumin

1 oignon rouge haché

1 carotte, tranchée et hachée

1 panais, tranché et haché

2 gousses d'ail hachées

5 tasses de bouillon de légumes

12 onces de haricots cannellini, égouttés

2 tasses de chou frisé, coupé en morceaux

Sel de mer et poivre noir moulu, au goût

Adresses

Dans une casserole à fond épais, chauffer l'olive à feu moyen-vif. Maintenant, faites sauter le gingembre et le cumin pendant environ 1 minute.

Maintenant, ajoutez l'oignon, la carotte et le panais; continuer à sauter 3 minutes de plus ou jusqu'à ce que les légumes soient tendres.

Ajouter l'ail et continuer à sauter pendant 1 minute ou jusqu'à ce qu'il soit aromatique.

Versez ensuite le bouillon de légumes et portez à ébullition. Baisser immédiatement le feu à feu doux et laisser cuire 10 minutes.

Incorporer les haricots cannellini et le chou frisé; continuer à mijoter jusqu'à ce que le chou frisé se fane et que tout soit bien chauffé. Assaisonnez avec du sel et du poivre selon votre goût.

Servir dans des bols individuels et servir chaud. Bon Appetit!

. Crème copieuse de champignons

(Prêt en 15 minutes environ | Pour 5 personnes)

Par portion : Calories : 308 ; Matières grasses : 25,5 g ; Glucides : 11,8 g ; Protéines : 11,6 g

Ingrédients

2 cuillères à soupe de beurre de soja

1 grosse échalote, hachée

20 onces de champignons cremini, tranchés

2 gousses d'ail hachées

4 cuillères à soupe de farine de graines de lin

5 tasses de bouillon de légumes

1 1/3 tasse de lait de coco entier

1 feuille de laurier

Sel de mer et poivre noir moulu, au goût

Adresses

Dans une casserole, faire fondre le beurre végétalien à feu moyen-vif. Une fois chaude, faites cuire l'échalote environ 3 minutes jusqu'à ce qu'elle soit tendre et parfumée.

Ajouter les champignons et l'ail et poursuivre la cuisson jusqu'à ce que les champignons ramollissent. Ajouter la farine de graines de lin et poursuivre la cuisson environ 1 minute.

Ajouter les ingrédients restants. Porter à ébullition, couvrir et poursuivre la cuisson 5 à 6 minutes supplémentaires jusqu'à ce que la soupe épaississe légèrement.

Bon Appetit!

Salade panzanella italienne authentique

(Prêt en 35 minutes environ | Pour 3 personnes)

Par portion : Calories : 334 ; Matières grasses : 20,4 g ; Glucides : 33,3 g ; Protéines : 8,3 g

Ingrédients

3 tasses de pain artisanal, cassé en cubes de 1 pouce

3/4 livre d'asperges, parées et coupées en petits morceaux

4 cuillères à soupe d'huile d'olive extra vierge

1 oignon rouge haché

2 cuillères à soupe de jus de citron vert frais

1 cuillère à café de moutarde de charcuterie

2 tomates anciennes moyennes, coupées en dés

2 tasses de roquette

2 tasses de bébés épinards

2 poivrons italiens, épépinés et tranchés

Sel de mer et poivre noir moulu, au goût

Adresses

Placer les cubes de pain sur une plaque de cuisson tapissée de papier sulfurisé. Cuire au four préchauffé à 310 degrés F pendant environ 20 minutes, en retournant la plaque à pâtisserie deux fois pendant le temps de cuisson; réservation.

Allumez le four à 420 degrés F et mélangez les asperges avec 1 cuillère à soupe d'huile d'olive. Griller les asperges environ 15 minutes ou jusqu'à ce qu'elles soient tendres.

Mélanger le reste des ingrédients dans un saladier; garnir avec les asperges grillées et le pain grillé.

Bon Appetit!

Salade de quinoa et haricots noirs

(Prêt en 15 minutes environ + temps de refroidissement | Pour 4 personnes)

Par portion : Calories : 433 ; Matières grasses : 17,3 g ; Glucides : 57 g ; Protéines : 15,1 g

Ingrédients

2 tasses d'eau

1 tasse de quinoa, rincé

16 onces de haricots noirs en conserve, égouttés

2 tomates Roma, tranchées

1 oignon rouge, tranché finement

1 concombre, épépiné et haché

2 gousses d'ail, pressées ou hachées

2 poivrons italiens, épépinés et tranchés

2 cuillères à soupe de persil frais haché

2 cuillères à soupe de coriandre fraîche hachée

1/4 tasse d'huile d'olive

1 citron fraîchement pressé

1 cuillère à soupe de vinaigre de cidre de pomme

1/2 cuillère à café d'aneth séché

1/2 cuillère à café d'origan séché

Sel de mer et poivre noir moulu, au goût

Adresses

Mettre l'eau et le quinoa dans une casserole et porter à ébullition. Baissez immédiatement le feu pour faire mijoter.

Laisser mijoter environ 13 minutes jusqu'à ce que le quinoa ait absorbé toute l'eau; Aérer le quinoa à la fourchette et laisser complètement refroidir. Ensuite, transférez le quinoa dans un saladier.

Ajouter le reste des ingrédients dans le saladier et mélanger pour bien mélanger. Bon Appetit!

Salade Riche De Boulgour Aux Herbes

(Prêt en 20 minutes environ + temps de refroidissement | Pour 4 personnes)

Par portion : Calories : 408 ; Matières grasses : 18,3 g ; Glucides : 51,8 g ; Protéines : 13,1 g

Ingrédients

2 tasses d'eau

1 tasse de boulgour

12 onces de pois chiches en conserve, égouttés

1 concombre persan, tranché finement

2 poivrons, épépinés et tranchés finement

1 piment jalapeno, épépiné et tranché finement

2 tomates Roma, tranchées

1 oignon, tranché finement

2 cuillères à soupe de basilic frais haché

2 cuillères à soupe de persil frais haché

2 cuillères à soupe de menthe fraîche hachée

2 cuillères à soupe de ciboulette fraîche hachée

4 cuillères à soupe d'huile d'olive

1 cuillère à soupe de vinaigre balsamique

1 cuillère à soupe de jus de citron

1 cuillère à café d'ail frais, pressé

Sel de mer et poivre noir fraîchement moulu, au goût

2 cuillères à soupe de levure alimentaire

1/2 tasse d'olives Kalamata, tranchées

Adresses

Dans une casserole, porter à ébullition l'eau et le boulgour. Baissez immédiatement le feu pour laisser mijoter et laissez cuire environ 20 minutes ou jusqu'à ce que le boulgour soit tendre et que l'eau soit presque absorbée. Remuer à la fourchette et étaler sur un grand plateau pour refroidir.

Placer le boulgour dans un saladier suivi des pois chiches, du concombre, des poivrons, des tomates, de l'oignon, du basilic, du persil, de la menthe et de la ciboulette.

Dans une petite assiette, fouetter ensemble l'huile d'olive, le vinaigre balsamique, le jus de citron, l'ail, le sel et le poivre noir. Assaisonner la salade et mélanger pour combiner.

Saupoudrer de levure alimentaire, garnir d'olives et servir à température ambiante. Bon Appetit!

Salade classique de poivrons rôtis

(Prêt en 15 minutes environ + temps de refroidissement | Pour 3 personnes)

Par portion : Calories : 178 ; Matières grasses : 14,4 g ; Glucides : 11,8 g ; Protéines : 2,4 g

Ingrédients

6 poivrons

3 cuillères à soupe d'huile d'olive extra vierge

3 cuillères à café de vinaigre de vin rouge

3 gousses d'ail finement hachées

2 cuillères à soupe de persil frais haché

Sel de mer et poivre noir fraîchement moulu, au goût

1/2 cuillère à café de flocons de piment rouge

6 cuillères à soupe de pignons de pin, hachés

Adresses

Faites rôtir les poivrons sur une plaque à pâtisserie recouverte de papier sulfurisé pendant environ 10 minutes, en tournant la casserole à mi-cuisson, jusqu'à ce qu'ils soient carbonisés de tous les côtés.

Ensuite, couvrez les poivrons d'une pellicule plastique à vapeur. Jetez la peau, les graines et les noyaux.

Coupez les poivrons en lanières et mélangez-les avec le reste des ingrédients. Placer dans votre réfrigérateur jusqu'au moment de servir. Bon Appetit!

Soupe copieuse au quinoa d'hiver

(Prêt en 25 minutes environ | Pour 4 personnes)

Par portion : Calories : 328 ; Matières grasses : 11,1 g ; Glucides : 44,1 g ; Protéines : 13,3 g

Ingrédients

2 cuillères à soupe d'huile d'olive

1 oignon haché

2 carottes, pelées et hachées

1 panais haché

1 branche de céleri hachée

1 tasse de courge jaune hachée

4 gousses d'ail, pressées ou hachées

4 tasses de bouillon de légumes rôtis

2 tomates moyennes, écrasées

1 tasse de quinoa

Sel de mer et poivre noir moulu, au goût

1 baie de laurier

2 tasses de bette à carde, côtes dures retirées et coupées en morceaux

2 cuillères à soupe de persil italien haché

Adresses

Dans une casserole à fond épais, chauffer l'olive à feu moyen-vif. Maintenant, faites sauter l'oignon, la carotte, le panais, le céleri et la courge jaune pendant environ 3 minutes ou jusqu'à ce que les légumes soient tendres.

Ajouter l'ail et continuer à sauter pendant 1 minute ou jusqu'à ce qu'il soit aromatique.

Ajoutez ensuite le bouillon de légumes, les tomates, le quinoa, le sel, le poivre et le laurier ; porter à ébullition. Baisser immédiatement le feu à feu doux et laisser cuire 13 minutes.

Ajouter la bette à carde; poursuivre la cuisson à feu doux jusqu'à ce que les blettes ramollissent.

Servir dans des bols individuels et servir garni de persil frais.
Bon Appetit!

salade de lentilles vertes

(Prêt en 20 minutes environ + temps de refroidissement | Pour 5 personnes)

Par portion : Calories : 349 ; Matières grasses : 15,1 g ; Glucides : 40,9 g ; Protéines : 15,4 g

Ingrédients

1 ½ tasse de lentilles vertes, rincées

2 tasses de roquette

2 tasses de laitue romaine, coupée en morceaux

1 tasse de pousses d'épinards

1/4 tasse de basilic frais haché

1/2 tasse d'échalotes hachées

2 gousses d'ail finement hachées

1/4 tasse de tomates séchées au soleil emballées dans l'huile, rincées et hachées

5 cuillères à soupe d'huile d'olive extra vierge

3 cuillères à soupe de jus de citron frais

Sel de mer et poivre noir moulu, au goût

Adresses

Dans une grande casserole, porter à ébullition 4 ½ tasses d'eau et les lentilles rouges.

Porter immédiatement le feu à ébullition et poursuivre la cuisson des lentilles pendant 15 à 17 minutes supplémentaires ou jusqu'à ce qu'elles soient ramollies mais pas pâteuses. Égoutter et laisser refroidir complètement.

Transférer les lentilles dans un saladier; mélanger les lentilles avec le reste des ingrédients jusqu'à ce qu'ils soient bien mélangés.

Servir froid ou à température ambiante. Bon Appetit!

Potage à la courge poivrée, pois chiches et couscous

(Prêt en 20 minutes environ | Pour 4 personnes)

Par portion : Calories : 378 ; Matières grasses : 11 g ; Glucides : 60,1 g ; Protéines : 10,9 g

Ingrédients

2 cuillères à soupe d'huile d'olive

1 échalote hachée

1 carotte, tranchée et hachée

2 tasses de courge poivrée hachée

1 branche de céleri hachée

1 cuillère à café d'ail finement haché

1 cuillère à café de romarin séché, haché

1 cuillère à café de thym séché, haché

2 tasses de crème d'oignon

2 tasses d'eau

1 tasse de couscous sec

Sel de mer et poivre noir moulu, au goût

1/2 cuillère à café de flocons de piment rouge

6 onces de pois chiches en conserve, égouttés

2 cuillères à soupe de jus de citron frais

Adresses

Dans une casserole à fond épais, chauffer l'olive à feu moyen-vif. Maintenant, faites sauter l'échalote, la carotte, la courge et le céleri pendant environ 3 minutes ou jusqu'à ce que les légumes soient tendres.

Ajouter l'ail, le romarin et le thym et continuer à faire sauter pendant 1 minute ou jusqu'à ce qu'ils soient parfumés.

Ajouter ensuite la soupe, l'eau, le couscous, le sel, le poivre noir et les flocons de piment rouge; porter à ébullition. Baisser immédiatement le feu à feu doux et laisser cuire 12 minutes.

Ajouter les pois chiches en conserve; continuer à cuire à feu doux jusqu'à ce que le tout soit chaud ou environ 5 minutes de plus.

Servir dans des bols individuels et arroser le dessus de jus de citron. Bon Appetit!

. Soupe au chou avec crostini à l'ail

(Prêt en 1 heure environ | Pour 4 personnes)

Par portion : Calories : 408 ; Matières grasses : 23,1 g ; Glucides : 37,6 g ; Protéines : 11,8 g

Ingrédients

Soupe:

2 cuillères à soupe d'huile d'olive

1 poireau moyen haché

1 tasse de navet haché

1 panais haché

1 carotte hachée

2 tasses de chou râpé

2 gousses d'ail finement hachées

4 tasses de bouillon de légumes

2 feuilles de laurier

Sel de mer et poivre noir moulu, au goût

1/4 cuillère à café de graines de cumin

1/2 cuillère à café de graines de moutarde

1 cuillère à café de basilic séché

2 tomates, en purée

Crostini:

8 tranches de baguette

2 têtes d'ail

4 cuillères à soupe d'huile d'olive extra vierge

Adresses

Dans une marmite, chauffer 2 cuillères à soupe d'olives à feu moyen-vif. Maintenant, faire sauter le poireau, le navet, le panais et la carotte pendant environ 4 minutes ou jusqu'à ce que les légumes soient tendres et croquants.

Ajouter l'ail et le chou et continuer à faire sauter pendant 1 minute ou jusqu'à ce qu'ils soient parfumés.

Ensuite, ajoutez le bouillon de légumes, les feuilles de laurier, le sel, le poivre noir, les graines de cumin, les graines de moutarde, le basilic séché et la purée de tomates ; porter à ébullition. Réduisez immédiatement le feu à feu doux et laissez cuire environ 20 minutes.

Pendant ce temps, préchauffez le four à 375 degrés F. Maintenant, faites rôtir l'ail et les tranches de baguette pendant environ 15 minutes. Sortir les crostinis du four.

Continuez à cuire l'ail pendant 45 minutes supplémentaires ou jusqu'à ce qu'il soit très tendre. Laissez refroidir l'ail.

Maintenant, coupez chaque tête d'ail avec un couteau dentelé bien aiguisé pour séparer toutes les gousses.

Pressez les gousses d'ail rôties hors de leur peau. Écrasez la pulpe d'ail avec 4 cuillères à soupe d'huile d'olive extra vierge.

Répartir uniformément le mélange d'ail rôti sur le dessus des crostinis. Servir avec la soupe chaude. Bon Appetit!

Velouté de Haricots Verts

(Prêt en 35 minutes environ | Pour 4 personnes)

Par portion : Calories : 410 ; Matières grasses : 19,6 g ; Glucides : 50,6 g ; Protéines : 13,3 g

Ingrédients

1 cuillère à soupe d'huile de sésame

1 oignon haché

1 poivron vert, épépiné et haché

2 pommes de terre rouges, pelées et coupées en dés

2 gousses d'ail hachées

4 tasses de bouillon de légumes

1 livre de haricots verts, hachés

Sel de mer et poivre noir moulu, pour l'assaisonnement

1 tasse de lait de coco entier

Adresses

Dans une casserole à fond épais, chauffer le sésame à feu moyen-vif. Maintenant, faites revenir l'oignon, les poivrons et les pommes de terre pendant environ 5 minutes, en remuant périodiquement.

Ajouter l'ail et continuer à sauter pendant 1 minute ou jusqu'à ce qu'il soit parfumé.

Ensuite, ajoutez le bouillon de légumes, les haricots verts, le sel et le poivre noir ; porter à ébullition. Baisser immédiatement le feu à feu doux et laisser cuire 20 minutes.

Réduire en purée le mélange de haricots verts avec un mélangeur à immersion jusqu'à consistance lisse et crémeuse.

Remettre le mélange en purée dans la casserole. Ajouter le lait de coco et continuer à mijoter jusqu'à ce qu'il soit chaud ou environ 5 minutes de plus.

Servir dans des bols individuels et servir chaud. Bon Appetit!

Soupe à l'oignon traditionnelle française

(Prêt en 1h30 environ | Pour 4 personnes)

Par portion : Calories : 129 ; Matières grasses : 8,6 g ; Glucides : 7,4 g ; Protéines : 6,3 g

Ingrédients

2 cuillères à soupe d'huile d'olive

2 gros oignons jaunes, tranchés finement

2 brins de thym haché

2 brins de romarin hachés

2 cuillères à café de vinaigre balsamique

4 tasses de bouillon de légumes

Sel de mer et poivre noir moulu, au goût

Adresses

Dans une marmite ou une casserole, faire chauffer l'huile d'olive à feu moyen. Maintenant, faites cuire les oignons avec le thym, le romarin et 1 cuillère à café de sel marin pendant environ 2 minutes.

Maintenant, baissez le feu à moyen-doux et poursuivez la cuisson jusqu'à ce que les oignons caramélisent ou environ 50 minutes.

Ajouter le vinaigre balsamique et poursuivre la cuisson 15 de plus. Ajouter le bouillon, le sel et le poivre noir et continuer à mijoter pendant 20 à 25 minutes.

Servir avec du pain grillé et régalez-vous !

. soupe de carottes rôties

(Prêt en 50 minutes environ | Pour 4 personnes)

Par portion : Calories : 264 ; Matières grasses : 18,6 g ; Glucides : 20,1 g ; Protéines : 7,4 g

Ingrédients

1 ½ livre de carottes

4 cuillères à soupe d'huile d'olive

1 oignon jaune haché

2 gousses d'ail hachées

1/3 cuillère à café de cumin moulu

Sel de mer et poivre blanc, au goût.

1/2 cuillère à café de poudre de curcuma

4 tasses de bouillon de légumes

2 cuillères à café de jus de citron

2 cuillères à soupe de coriandre fraîche, hachée

Adresses

Commencez par préchauffer votre four à 400 degrés F. Disposez les carottes sur une grande plaque à pâtisserie recouverte de papier sulfurisé; mélanger les carottes avec 2 cuillères à soupe d'huile d'olive.

Rôtir les carottes pendant environ 35 minutes ou jusqu'à ce qu'elles soient tendres.

Dans une casserole à fond épais, faites chauffer les 2 cuillères à soupe d'huile d'olive restantes. Maintenant, faire sauter l'oignon et l'ail pendant environ 3 minutes ou jusqu'à ce qu'ils soient aromatiques.

Ajouter le cumin, le sel, le poivre, le curcuma, le bouillon de légumes et les carottes rôties. Poursuivre la cuisson à feu doux pendant 12 minutes supplémentaires.

Mixez votre soupe avec un mixeur plongeant. Versez du jus de citron sur votre soupe et servez garni de feuilles de coriandre fraîche. Bon Appetit!

Salade de pâtes italiennes aux penne

(Prêt en 15 minutes environ + temps de refroidissement | Pour 3 personnes)

Par portion : Calories : 614 ; Matières grasses : 18,1 g ; Glucides : 101 g ; Protéines : 15,4 g

Ingrédients

9 onces de pâtes penne

9 onces de haricots cannellini en conserve, égouttés

1 petit oignon, tranché finement

1/3 tasse d'olives niçoises, dénoyautées et tranchées

2 poivrons italiens, tranchés

1 tasse de tomates cerises, coupées en deux

3 tasses de roquette

Bandage:

3 cuillères à soupe d'huile d'olive extra vierge

1 cuillère à café de zeste de citron

1 cuillère à café d'ail haché

3 cuillères à soupe de vinaigre balsamique

1 cuillère à café de mélange d'herbes italiennes

Sel de mer et poivre noir moulu, au goût

Adresses

Cuire les pâtes penne selon les instructions sur l'emballage. Égouttez et rincez les pâtes. Laisser refroidir complètement, puis transférer dans un saladier.

Ensuite, ajoutez les haricots, l'oignon, les olives, les poivrons, les tomates et la roquette dans le saladier.

Mélanger tous les ingrédients de la vinaigrette jusqu'à ce que tout soit bien incorporé. Assaisonnez votre salade et servez-la très froide. Bon Appetit!

Salade Chana Chaat Indienne

(Prêt en 45 minutes environ + temps de refroidissement | Pour 4 personnes)

Par portion : Calories : 604 ; Matières grasses : 23,1 g ; Glucides : 80g ; Protéines : 25,3 g

Ingrédients

1 livre de pois chiches séchés, trempés pendant la nuit

2 tomates San Marzano coupées en dés

1 concombre persan, tranché

1 oignon haché

1 poivron, épépiné et tranché finement

1 piment vert, épépiné et tranché finement

2 poignées de pousses d'épinards

1/2 cuillère à café de poudre de piment du Cachemire

4 feuilles de curry hachées

1 cuillère à soupe de chaat masala

2 cuillères à soupe de jus de citron frais ou au goût

4 cuillères à soupe d'huile d'olive

1 cuillère à café de sirop d'agave

1/2 cuillère à café de graines de moutarde

1/2 cuillère à café de graines de coriandre

2 cuillères à soupe de graines de sésame, légèrement grillées

2 cuillères à soupe de coriandre fraîche, hachée

Adresses

Égouttez les pois chiches et transférez-les dans une grande casserole. Couvrir les pois chiches d'eau de 2 pouces et porter à ébullition.

Baissez immédiatement le feu pour laisser mijoter et poursuivez la cuisson environ 40 minutes.

Mélanger les pois chiches avec les tomates, le concombre, l'oignon, les poivrons, les épinards, la poudre de chili, les feuilles de curry et le chaat masala.

Dans un petit plat, bien mélanger le jus de citron, l'huile d'olive, le sirop d'agave, les graines de moutarde et les graines de coriandre.

Garnir de graines de sésame et de coriandre fraîche. Bon Appetit!

Salade de nouilles et de tempeh à la thaïlandaise

(Prêt en 45 minutes environ | Pour 3 personnes)

Par portion : Calories : 494 ; Matières grasses : 14,5 g ; Glucides : 75 g ; Protéines : 18,7 g

Ingrédients

6 onces de tempeh

4 cuillères à soupe de vinaigre de riz

4 cuillères à soupe de sauce soja

2 gousses d'ail hachées

1 petit citron vert, fraîchement pressé

5 onces de nouilles de riz

1 carotte coupée en julienne

1 échalote hachée

3 poignées de bok choy, tranché mince

3 poignées de chou frisé, coupé en morceaux

1 poivron, épépiné et tranché finement

1 piment oiseau, haché

1/4 tasse de beurre d'arachide

2 cuillères à soupe de sirop d'agave

Adresses

Placer le tempeh, 2 cuillères à soupe de vinaigre de riz, de sauce soja, d'ail et de jus de citron dans un plat en céramique; laisser macérer environ 40 minutes.

Pendant ce temps, faites cuire les nouilles de riz selon les instructions sur l'emballage. Égouttez les nouilles et transférez-les dans un saladier.

Ajouter la carotte, l'échalote, le chou, le chou frisé et les poivrons dans le saladier. Ajouter le beurre de cacahuète, les

2 cuillères à soupe de vinaigre de riz restantes et le sirop d'agave et remuer pour bien mélanger.

Garnir de tempeh mariné et servir aussitôt. Apprécier!

Crème de brocoli classique

(Prêt en 35 minutes environ | Pour 4 personnes)

Par portion : Calories : 334 ; Matières grasses : 24,5 g ; Glucides : 22,5 g ; Protéines : 10,2 g

Ingrédients

2 cuillères à soupe d'huile d'olive

1 livre de bouquets de brocoli

1 oignon haché

1 côte de céleri, hachée

1 panais haché

1 cuillère à café d'ail haché

3 tasses de bouillon de légumes

1/2 cuillère à café d'aneth séché

1/2 cuillère à café d'origan séché

Sel de mer et poivre noir moulu, au goût

2 cuillères à soupe de farine de graines de lin

1 tasse de lait de coco entier

Adresses

Dans une casserole à fond épais, chauffer l'huile d'olive à feu moyen-vif. Maintenant, faites sauter le brocoli, l'oignon, le céleri et le panais pendant environ 5 minutes, en remuant périodiquement.

Ajouter l'ail et continuer à sauter pendant 1 minute ou jusqu'à ce qu'il soit parfumé.

Ensuite, ajoutez le bouillon de légumes, l'aneth, l'origan, le sel et le poivre noir ; porter à ébullition. Réduisez immédiatement le feu à feu doux et laissez cuire environ 20 minutes.

Mixer la soupe au mixeur plongeant jusqu'à consistance lisse et crémeuse.

Remettre le mélange en purée dans la casserole. Ajouter la farine de graines de lin et le lait de coco; continuer à cuire à feu doux jusqu'à ce que le tout soit chaud ou environ 5 minutes.

Servir dans quatre bols de service et déguster !

Salade marocaine de lentilles et de raisins secs

(Prêt en 20 minutes environ + temps de refroidissement | Pour 4 personnes)

Par portion : Calories : 418 ; Graisses : 15 g ; Glucides : 62,9 g ; Protéines : 12,4 g

Ingrédients

1 tasse de lentilles rouges, rincées

1 grosse carotte, coupée en julienne

1 concombre persan, tranché finement

1 oignon doux haché

1/2 tasse de raisins secs dorés

1/4 tasse de menthe fraîche, hachée

1/4 tasse de basilic frais, haché

1/4 tasse d'huile d'olive extra vierge

1/4 tasse de jus de citron, fraîchement pressé

1 cuillère à café de zeste de citron râpé

1/2 cuillère à café de racine de gingembre frais, pelée et hachée

1/2 cuillère à café d'ail granulé

1 cuillère à café de piment de la Jamaïque moulu

Sel de mer et poivre noir moulu, au goût

Adresses

Dans une grande casserole, porter à ébullition 3 tasses d'eau et 1 tasse de lentilles.

Baissez immédiatement le feu pour laisser mijoter et poursuivez la cuisson des lentilles pendant 15 à 17 minutes supplémentaires ou jusqu'à ce qu'elles soient ramollies mais pas encore pâteuses. Égoutter et laisser refroidir complètement.

Transférer les lentilles dans un saladier; ajouter la carotte, le concombre et l'oignon doux. Ensuite, ajoutez les raisins secs, la menthe et le basilic à votre salade.

Dans une petite assiette, fouetter ensemble l'huile d'olive, le jus de citron, le zeste de citron, le gingembre, l'ail granulé, le piment de la Jamaïque, le sel et le poivre noir.

Assaisonnez votre salade et servez-la très froide. Bon Appetit!

Salade d'asperges et de pois chiches

(Prêt en 10 minutes environ + temps de refroidissement | Pour 5 personnes)

Par portion : Calories : 198 ; Matières grasses : 12,9 g ; Glucides : 17,5 g ; Protéines : 5,5 g

Ingrédients

1 ¼ livres d'asperges, parées et coupées en petits morceaux

5 onces de pois chiches en conserve, égouttés et rincés

1 piment chipotle, épépiné et haché

1 poivron italien, épépiné et haché

1/4 tasse de feuilles de basilic frais hachées

1/4 tasse de feuilles de persil frais, hachées

2 cuillères à soupe de feuilles de menthe fraîche

2 cuillères à soupe de ciboulette fraîche hachée

1 cuillère à café d'ail haché

1/4 tasse d'huile d'olive extra vierge

1 cuillère à soupe de vinaigre balsamique

1 cuillère à soupe de jus de citron frais

2 cuillères à soupe de sauce soja

1/4 cuillère à café de piment de la Jamaïque moulu

1/4 cuillère à café de cumin moulu

Sel de mer et grains de poivre fraîchement moulus, au goût

Adresses

Porter à ébullition une grande casserole d'eau salée avec les asperges; laisser cuire 2 minutes; égoutter et rincer.

Transférer les asperges dans un saladier.

Mélanger les asperges avec les pois chiches, les poivrons, les herbes, l'ail, l'huile d'olive, le vinaigre, le jus de citron vert, la sauce soja et les épices.

Mélanger pour combiner et servir immédiatement. Bon Appetit!

Salade de haricots verts à l'ancienne

(Prêt en 10 minutes environ + temps de refroidissement | Pour 4 personnes)

Par portion : Calories : 240 ; Matières grasses : 14,1 g ; Glucides : 29 g ; Protéines : 4,4 g

Ingrédients

1 ½ livre de haricots verts, hachés

1/2 tasse de ciboulette hachée

1 cuillère à café d'ail haché

1 concombre persan, tranché

2 tasses de tomates raisins, coupées en deux

1/4 tasse d'huile d'olive

1 cuillère à café de moutarde de charcuterie

2 cuillères à soupe de sauce tamari

2 cuillères à soupe de jus de citron

1 cuillère à soupe de vinaigre de cidre de pomme

1/4 cuillère à café de cumin en poudre

1/2 cuillère à café de thym séché

Sel de mer et poivre noir moulu, au goût

Adresses

Faire bouillir les haricots verts dans une grande casserole d'eau salée jusqu'à ce qu'ils soient tendres ou environ 2 minutes.

Égoutter et laisser les haricots refroidir complètement; puis, transférez-les dans un saladier. Mélanger les haricots avec les ingrédients restants.

Bon Appetit!

Soupe aux haricots d'hiver

(Prêt en 25 minutes environ | Pour 4 personnes)

Par portion : Calories : 234 ; Matières grasses : 5,5 g ; Glucides : 32,3 g ; Protéines : 14,4 g

Ingrédients

1 cuillère à soupe d'huile d'olive

2 cuillères à soupe d'échalotes hachées

1 carotte hachée

1 panais haché

1 branche de céleri hachée

1 cuillère à café d'ail frais haché

4 tasses de bouillon de légumes

2 feuilles de laurier

1 brin de romarin haché

16 onces de haricots blancs en conserve

Sel de mer en flocons et poivre noir moulu, au goût

Adresses

Dans une casserole à fond épais, chauffer l'olive à feu moyen-vif. Maintenant, faire revenir les échalotes, la carotte, le panais et le céleri pendant environ 3 minutes ou jusqu'à ce que les légumes soient tendres.

Ajouter l'ail et continuer à sauter pendant 1 minute ou jusqu'à ce qu'il soit aromatique.

Ajouter ensuite le bouillon de légumes, les feuilles de laurier et le romarin et porter à ébullition. Baisser immédiatement le feu à feu doux et laisser cuire 10 minutes.

Ajouter les haricots blancs et continuer à mijoter pendant environ 5 minutes de plus jusqu'à ce que tout soit chaud. Assaisonner avec du sel et du poivre noir au goût.

Servir dans des bols individuels, jeter les feuilles de laurier et servir chaud. Bon Appetit!

Soupe italienne aux champignons cremini

(Prêt en 15 minutes environ | Pour 3 personnes)

Par portion : Calories : 154 ; Matières grasses : 12,3 g ; Glucides : 9,6 g ; Protéines : 4,4 g

Ingrédients

3 cuillères à soupe de beurre végétalien

1 oignon blanc haché

1 poivron rouge haché

1/2 cuillère à café d'ail pressé

3 tasses de champignons cremini, hachés

2 cuillères à soupe de farine d'amande

3 tasses d'eau

1 cuillère à café de mélange d'herbes italiennes

Sel de mer et poivre noir moulu, au goût

1 grosse cuillère à soupe de ciboulette fraîche, hachée

Adresses

Dans une casserole, faire fondre le beurre végétalien à feu moyen-vif. Une fois chaud, faire revenir l'oignon et le poivron pendant environ 3 minutes jusqu'à ce qu'ils soient tendres.

Ajouter l'ail et les champignons cremini et continuer à faire revenir jusqu'à ce que les champignons ramollissent. Saupoudrez les champignons de farine d'amande et poursuivez la cuisson environ 1 minute.

Ajouter les ingrédients restants. Porter à ébullition, couvrir et poursuivre la cuisson 5 à 6 minutes supplémentaires jusqu'à ce que le liquide épaississe légèrement.

Servir dans trois bols à soupe et garnir de ciboulette fraîche. Bon Appetit!

Crème de Pommes de Terre aux Herbes

(Prêt en 40 minutes environ | Pour 4 personnes)

Par portion : Calories : 400 ; Matières grasses : 9 g ; Glucides : 68,7 g ; Protéines : 13,4 g

Ingrédients

2 cuillères à soupe d'huile d'olive

1 oignon haché

1 branche de céleri hachée

4 grosses pommes de terre, pelées et hachées

2 gousses d'ail hachées

1 cuillère à café de basilic frais haché

1 cuillère à café de persil frais haché

1 cuillère à café de romarin frais haché

1 baie de laurier

1 cuillère à café de piment de la Jamaïque moulu

4 tasses de bouillon de légumes

Sel et poivre noir fraîchement moulu, au goût.

2 cuillères à soupe de ciboulette fraîche hachée

Adresses

Dans une casserole à fond épais, chauffer l'huile d'olive à feu moyen-vif. Une fois chaud, faire revenir l'oignon, le céleri et les pommes de terre pendant environ 5 minutes, en remuant périodiquement.

Ajouter l'ail, le basilic, le persil, le romarin, la feuille de laurier et le piment de la Jamaïque et continuer à faire sauter pendant 1 minute ou jusqu'à ce qu'ils soient parfumés.

Maintenant, ajoutez le bouillon de légumes, le sel et le poivre noir et portez à ébullition rapide. Réduisez immédiatement le feu à feu doux et laissez cuire environ 30 minutes.

Mixer la soupe au mixeur plongeant jusqu'à consistance lisse et crémeuse.

Réchauffez votre soupe et servez-la avec de la ciboulette fraîche. Bon Appetit!

Salade de quinoa et avocat

(Prêt en 15 minutes environ + temps de refroidissement | Pour 4 personnes)

Par portion : Calories : 399 ; Matières grasses : 24,3 g ; Glucides : 38,5 g ; Protéines : 8,4 g

Ingrédients

1 tasse de quinoa, rincé

1 oignon haché

1 tomate, coupée en dés

2 poivrons grillés, coupés en lanières

2 cuillères à soupe de persil haché

2 cuillères à soupe de basilic haché

1/4 tasse d'huile d'olive extra vierge

2 cuillères à soupe de vinaigre de vin rouge

2 cuillères à soupe de jus de citron

1/4 cuillère à café de poivre de Cayenne

Sel de mer et poivre noir fraîchement moulu, pour l'assaisonnement

1 avocat, pelé, dénoyauté et tranché

1 cuillère à soupe de graines de sésame grillées

Adresses

Mettre l'eau et le quinoa dans une casserole et porter à ébullition. Baissez immédiatement le feu pour faire mijoter.

Laisser mijoter environ 13 minutes jusqu'à ce que le quinoa ait absorbé toute l'eau; Aérer le quinoa à la fourchette et laisser complètement refroidir. Ensuite, transférez le quinoa dans un saladier.

Ajouter l'oignon, la tomate, les poivrons grillés, le persil et le basilic dans le saladier. Dans un autre petit bol, fouetter ensemble l'huile d'olive, le vinaigre, le jus de citron, le poivre de Cayenne, le sel et le poivre noir.

Assaisonnez votre salade et mélangez bien. Garnir de tranches d'avocat et garnir de graines de sésame grillées.

Bon Appetit!

Salade de taboulé au tofu

(Prêt en 20 minutes environ + temps de refroidissement | Pour 4 personnes)

Par portion : Calories : 379 ; Matières grasses : 18,3 g ; Glucides : 40,7 g ; Protéines : 19,9 g

Ingrédients

1 tasse de boulgour

2 tomates San Marzano, tranchées

1 concombre persan, tranché finement

2 cuillères à soupe de basilic haché

2 cuillères à soupe de persil haché

4 ciboulette ciselée

2 tasses de roquette

2 tasses de bébés épinards, coupés en morceaux

4 cuillères à soupe de tahini

4 cuillères à soupe de jus de citron

1 cuillère à soupe de sauce soja

1 cuillère à café d'ail frais, pressé

Sel de mer et poivre noir moulu, au goût

12 onces de tofu fumé, en cubes

Adresses

Dans une casserole, porter à ébullition 2 tasses d'eau et le boulgour. Réduire immédiatement le feu à feu doux et laisser cuire environ 20 minutes ou jusqu'à ce que le boulgour soit tendre et que l'eau soit presque absorbée. Remuer à la fourchette et étaler sur un grand plateau pour refroidir.

Disposez le boulgour dans un saladier suivi des tomates, du concombre, du basilic, du persil, des oignons verts, de la roquette et des épinards.

Dans une petite assiette, fouetter ensemble le tahini, le jus de citron, la sauce soja, l'ail, le sel et le poivre noir. Assaisonner la salade et mélanger pour combiner.

Garnir votre salade avec le tofu fumé et servir à température ambiante. Bon Appetit!

Salade de pâtes du jardin

(Prêt en 10 minutes environ + temps de refroidissement | Pour 4 personnes)

Par portion : Calories : 479 ; Graisses : 15 g ; Glucides : 71,1 g ; Protéines : 14,9 g

Ingrédients

12 onces de pâtes rotini

1 petit oignon, tranché finement

1 tasse de tomates cerises, coupées en deux

1 poivron haché

1 piment jalapeno, émincé

1 cuillère à soupe de câpres, égouttées

2 tasses de laitue iceberg, coupée en morceaux

2 cuillères à soupe de persil frais haché

2 cuillères à soupe de coriandre fraîche hachée

2 cuillères à soupe de basilic frais haché

1/4 tasse d'huile d'olive

2 cuillères à soupe de vinaigre de cidre de pomme

1 cuillère à café d'ail pressé

Sel casher et poivre noir moulu, au goût

2 cuillères à soupe de levure alimentaire

2 cuillères à soupe de pignons de pin grillés et hachés

Adresses

Faire cuire les pâtes selon les instructions du paquet. Égouttez et rincez les pâtes. Laisser refroidir complètement, puis transférer dans un saladier.

Ensuite, ajoutez l'oignon, les tomates, les poivrons, les câpres, la laitue, le persil, la coriandre et le basilic dans le saladier.

Fouetter ensemble l'huile d'olive, le vinaigre, l'ail, le sel, le poivre noir et la levure alimentaire. Assaisonnez votre salade et garnissez de pignons de pin grillés. Bon Appetit!

Bortsch ukrainien traditionnel

(Prêt en 40 minutes environ | Pour 4 personnes)

Par portion : Calories : 367 ; Matières grasses : 9,3 g ; Glucides : 62,7 g ; Protéines : 12,1 g

Ingrédients

2 cuillères à soupe d'huile de sésame

1 oignon rouge haché

2 carottes, parées et tranchées

2 grosses betteraves, pelées et tranchées

2 grosses pommes de terre, pelées et coupées en dés

4 tasses de bouillon de légumes

2 gousses d'ail hachées

1/2 cuillère à café de graines de carvi

1/2 cuillère à café de graines de céleri

1/2 cuillère à café de graines de fenouil

1 livre de chou rouge, râpé

1/2 cuillère à café de grains de poivre mélangés, fraîchement concassés

Sel casher, au goût

2 feuilles de laurier

2 cuillères à soupe de vinaigre de vin

Adresses

Dans un faitout, faire chauffer l'huile de sésame à feu modéré. Une fois chaud, faire sauter les oignons jusqu'à ce qu'ils soient tendres et translucides, environ 6 minutes.

Ajouter les carottes, les betteraves et les pommes de terre et continuer à sauter pendant encore 10 minutes, en ajoutant périodiquement le bouillon de légumes.

Ajoutez ensuite l'ail, les graines de carvi, les graines de céleri, les graines de fenouil et continuez à faire sauter pendant encore 30 secondes.

Ajouter le chou, le mélange de grains de poivre, le sel et les feuilles de laurier. Ajouter le reste du bouillon et porter à ébullition.

Baissez immédiatement le feu pour laisser mijoter et poursuivez la cuisson pendant 20 à 23 minutes supplémentaires jusqu'à ce que les légumes ramollissent.

Servir dans des bols individuels et arroser de vinaigre de vin. Servez et dégustez !

Salade de lentilles Beluga

(Prêt en 20 minutes environ + temps de refroidissement | Pour 4 personnes)

Par portion : Calories : 338 ; Matières grasses : 16,3 g ; Glucides : 37,2 g ; Protéines : 13 g

Ingrédients

1 tasse de lentilles beluga, rincées

1 concombre persan, tranché

1 grosse tomate, tranchée

1 oignon rouge haché

1 poivron tranché

1/4 tasse de basilic frais haché

1/4 tasse de persil italien frais, haché

2 onces d'olives vertes, dénoyautées et tranchées

1/4 tasse d'huile d'olive

4 cuillères à soupe de jus de citron

1 cuillère à café de moutarde de charcuterie

1/2 cuillère à café d'ail haché

1/2 cuillère à café de flocons de piment rouge broyés

Sel de mer et poivre noir moulu, au goût

Adresses

Dans une grande casserole, porter à ébullition 3 tasses d'eau et 1 tasse de lentilles.

Porter immédiatement le feu à ébullition et poursuivre la cuisson des lentilles pendant 15 à 17 minutes supplémentaires ou jusqu'à ce qu'elles soient ramollies mais pas pâteuses. Égoutter et laisser refroidir complètement.

Transférer les lentilles dans un saladier; ajouter le concombre, les tomates, l'oignon, le poivron, le basilic, le persil et les olives.

Dans un petit bol, fouetter ensemble l'huile d'olive, le jus de citron, la moutarde, l'ail, le poivron rouge, le sel et le poivre noir.

Assaisonnez la salade, mélangez et servez frais. Bon Appetit!

Salade naan à l'indienne

(Prêt en 10 minutes environ | Pour 3 personnes)

Par portion : Calories : 328 ; Matières grasses : 17,3 g ; Glucides : 36,6 g ; Protéines : 6,9 g

Ingrédients

3 cuillères à soupe d'huile de sésame

1 cuillère à café de gingembre, pelé et haché

1/2 cuillère à café de graines de cumin

1/2 cuillère à café de graines de moutarde

1/2 cuillère à café de grains de poivre mélangés

1 cuillère à soupe de feuilles de curry

3 pains naan, cassés en petits morceaux

1 échalote hachée

2 tomates hachées

Sel de l'Himalaya, au goût

1 cuillère à soupe de sauce soja

Adresses

Faites chauffer 2 cuillères à soupe d'huile de sésame dans une poêle antiadhésive à feu moyen-vif.

Faire sauter le gingembre, les graines de cumin, les graines de moutarde, les grains de poivre mélangés et les feuilles de curry pendant environ 1 minute, jusqu'à ce qu'ils soient parfumés.

Ajouter les pains naan et poursuivre la cuisson, en remuant périodiquement, jusqu'à ce qu'ils soient dorés et bien enrobés d'épices.

Placer l'échalote et les tomates dans un saladier; mélanger avec le sel, la sauce soja et la cuillère à soupe d'huile de sésame restante.

Placez le pain grillé sur votre salade et servez à température ambiante. Apprécier!

Salade de poivrons grillés à la grecque

(Prêt en 10 minutes environ | Pour 2 personnes)

Par portion : Calories : 185 ; Matières grasses : 11,5 g ; Glucides : 20,6 g ; Protéines : 3,7 g

Ingrédients

2 poivrons rouges

2 poivrons jaunes

2 gousses d'ail, pressées

4 cuillères à café d'huile d'olive extra vierge

1 cuillère à soupe de câpres, rincées et égouttées

2 cuillères à soupe de vinaigre de vin rouge

Sel de mer et poivre moulu, au goût

1 cuillère à café d'aneth frais, haché

1 cuillère à café d'origan frais haché

1/4 tasse d'olives Kalamata, dénoyautées et tranchées

Adresses

Faites rôtir les poivrons sur une plaque à pâtisserie recouverte de papier sulfurisé pendant environ 10 minutes, en tournant la casserole à mi-cuisson, jusqu'à ce qu'ils soient carbonisés de tous les côtés.

Ensuite, couvrez les poivrons d'une pellicule plastique à vapeur. Jetez la peau, les graines et les noyaux.

Coupez les poivrons en lanières et placez-les dans un saladier. Ajouter le reste des ingrédients et remuer pour bien mélanger.

Placer dans votre réfrigérateur jusqu'au moment de servir. Bon Appetit!

Soupe aux haricots et aux pommes de terre

(Prêt en 30 minutes environ | Pour 4 personnes)

Par portion : Calories : 266 ; Matières grasses : 7,7 g ; Glucides : 41,3 g ; Protéines : 9,3 g

Ingrédients

2 cuillères à soupe d'huile d'olive

1 oignon haché

1 livre de pommes de terre, pelées et coupées en dés

1 branche de céleri moyenne, hachée

2 gousses d'ail hachées

1 cuillère à café de paprika

4 tasses d'eau

2 cuillères à soupe de poudre de bouillon végétalien

16 onces de haricots rouges en conserve, égouttés

2 tasses de bébés épinards

Sel de mer et poivre noir moulu, au goût

Adresses

Dans une casserole à fond épais, chauffer l'olive à feu moyen-vif. Maintenant, faites sauter l'oignon, les pommes de terre et le céleri pendant environ 5 minutes ou jusqu'à ce que l'oignon soit translucide et tendre.

Ajouter l'ail et continuer à sauter pendant 1 minute ou jusqu'à ce qu'il soit aromatique.

Ensuite, ajoutez le paprika, l'eau et la poudre de bouillon végétalien et portez à ébullition. Baisser immédiatement le feu à feu doux et laisser cuire 15 minutes.

Ajouter les haricots blancs et les épinards; continuer à mijoter pendant environ 5 minutes jusqu'à ce que tout soit chaud. Assaisonner avec du sel et du poivre noir au goût.

Servir dans des bols individuels et servir chaud. Bon Appetit!

Salade de quinoa d'hiver aux cornichons

(Prêt en 20 minutes environ + temps de refroidissement | Pour 4 personnes)

Par portion : Calories : 346 ; Matières grasses : 16,7 g ; Glucides : 42,6 g ; Protéines : 9,3 g

Ingrédients

1 tasse de quinoa

4 gousses d'ail, hachées

2 concombres marinés, hachés

10 onces de poivrons rouges en conserve, hachés

1/2 tasse d'olives vertes, dénoyautées et tranchées

2 tasses de chou vert, râpé

2 tasses de laitue iceberg, coupée en morceaux

4 piments marinés, hachés

4 cuillères à soupe d'huile d'olive

1 cuillère à soupe de jus de citron

1 cuillère à café de zeste de citron

1/2 cuillère à café de marjolaine séchée

Sel de mer et poivre noir moulu, au goût

1/4 tasse de ciboulette fraîche, hachée grossièrement

Adresses

Mettre deux tasses d'eau et le quinoa dans une casserole et porter à ébullition. Baissez immédiatement le feu pour faire mijoter.

Laisser mijoter environ 13 minutes jusqu'à ce que le quinoa ait absorbé toute l'eau; Aérer le quinoa à la fourchette et laisser complètement refroidir. Ensuite, transférez le quinoa dans un saladier.

Ajouter l'ail, le concombre mariné, les poivrons, les olives, le chou, la laitue et les piments marinés dans le saladier et mélanger pour combiner.

Dans un petit bol, préparer la vinaigrette en fouettant le reste des ingrédients. Assaisonnez la salade, mélangez bien et servez immédiatement. Bon Appetit!

Soupe aux champignons sauvages rôtis

(Prêt en 55 minutes environ | Pour 3 personnes)

Par portion : Calories : 313 ; Matières grasses : 23,5 g ; Glucides : 14,5 g ; Protéines : 14,5 g

Ingrédients

3 cuillères à soupe d'huile de sésame

1 livre de champignons sauvages mélangés, tranchés

1 oignon blanc haché

3 gousses d'ail, hachées et divisées

2 brins de thym haché

2 brins de romarin hachés

1/4 tasse de farine de graines de lin

1/4 tasse de vin blanc sec

3 tasses de bouillon de légumes

1/2 cuillère à café de flocons de piment rouge

Sel d'ail et poivre noir fraîchement moulu, pour l'assaisonnement

Adresses

Commencez par préchauffer votre four à 395 degrés F.

Disposer les champignons en une seule couche sur une plaque à pâtisserie tapissée de papier parchemin. Arroser les champignons avec 1 cuillère à soupe d'huile de sésame.

Rôtir les champignons dans le four préchauffé pendant environ 25 minutes ou jusqu'à ce qu'ils soient tendres.

Faites chauffer les 2 cuillères à soupe d'huile de sésame restantes dans une casserole à feu moyen. Ensuite, faire sauter l'oignon pendant environ 3 minutes ou jusqu'à ce qu'il soit tendre et translucide.

Ensuite, ajoutez l'ail, le thym et le romarin et continuez à faire sauter pendant environ 1 minute jusqu'à ce qu'ils soient aromatiques. Saupoudrez le tout de farine de graines de lin.

Ajouter le reste des ingrédients et continuer à mijoter pendant 10 à 15 minutes supplémentaires ou jusqu'à ce que tout soit bien cuit.

Ajouter les champignons rôtis et continuer à mijoter encore 12 minutes. Servir dans des bols à soupe et servir chaud. Apprécier!

Soupe aux haricots verts à la méditerranéenne

(Prêt en 25 minutes environ | Pour 5 personnes)

Par portion : Calories : 313 ; Matières grasses : 23,5 g ; Glucides : 14,5 g ; Protéines : 14,5 g

Ingrédients

2 cuillères à soupe d'huile d'olive

1 oignon haché

1 céleri avec feuilles, haché

1 carotte hachée

2 gousses d'ail hachées

1 courgette hachée

5 tasses de bouillon de légumes

1 ¼ livres de haricots verts, parés et coupés en petits morceaux

2 tomates moyennes, en purée

Sel de mer et poivre noir fraîchement moulu, au goût

1/2 cuillère à café de piment de Cayenne

1 cuillère à café d'origan

1/2 cuillère à café d'aneth séché

1/2 tasse d'olives Kalamata, dénoyautées et tranchées

Adresses

Dans une casserole à fond épais, chauffer l'olive à feu moyen-vif. Maintenant, faire sauter l'oignon, le céleri et la carotte pendant environ 4 minutes ou jusqu'à ce que les légumes soient tendres.

Ajouter l'ail et les courgettes et continuer à sauter pendant 1 minute ou jusqu'à ce qu'ils soient parfumés.

Ensuite, ajoutez le bouillon de légumes, les haricots verts, les tomates, le sel, le poivre noir, le poivre de Cayenne, l'origan et l'aneth séché ; porter à ébullition. Réduisez immédiatement le feu à feu doux et laissez cuire environ 15 minutes.

Servir dans des bols individuels et servir avec des olives tranchées. Bon Appetit!

Crème de carotte

(Prêt en 30 minutes environ | Pour 4 personnes)

Par portion : Calories : 333 ; Matières grasses : 23 g ; Glucides : 26 g ; Protéines : 8,5 g

Ingrédients

2 cuillères à soupe d'huile de sésame

1 oignon haché

1 ½ livre de carottes, parées et hachées

1 panais haché

2 gousses d'ail hachées

1/2 cuillère à café de curry en poudre

Sel de mer et poivre de Cayenne, au goût

4 tasses de bouillon de légumes

1 tasse de lait de coco entier

Adresses

Dans une casserole à fond épais, chauffer l'huile de sésame à feu moyen-vif. Maintenant, faites revenir l'oignon, les carottes et le panais pendant environ 5 minutes, en remuant périodiquement.

Ajouter l'ail et continuer à sauter pendant 1 minute ou jusqu'à ce qu'il soit parfumé.

Ensuite, ajoutez la poudre de curry, le sel, le poivre de Cayenne et le bouillon de légumes ; porter à ébullition rapide. Baissez immédiatement le feu pour laisser mijoter et laissez cuire 18 à 20 minutes.

Mixer la soupe au mixeur plongeant jusqu'à consistance lisse et crémeuse.

Remettre le mélange en purée dans la casserole. Ajouter le lait de coco et continuer à mijoter jusqu'à ce qu'il soit chaud ou environ 5 minutes de plus.

Verser dans quatre bols et servir chaud. Bon Appetit!

Salade de pizza italienne Nonna

(Prêt en 15 minutes environ + temps de refroidissement | Pour 4 personnes)

Par portion : Calories : 595 ; Matières grasses : 17,2 g ; Glucides : 93 g ; Protéines : 16 g

Ingrédients

1 livre de macaronis

1 tasse de champignons marinés, tranchés

1 tasse de tomates raisins, coupées en deux

4 cuillères à soupe de ciboulette hachée

1 cuillère à café d'ail haché

1 poivron italien, tranché

1/4 tasse d'huile d'olive extra vierge

1/4 tasse de vinaigre balsamique

1 cuillère à café d'origan séché

1 cuillère à café de basilic séché

1/2 cuillère à café de romarin séché

Sel de mer et poivre de Cayenne, au goût

1/2 tasse d'olives noires, tranchées

Adresses

Faire cuire les pâtes selon les instructions du paquet. Égouttez et rincez les pâtes. Laisser refroidir complètement, puis transférer dans un saladier.

Ensuite, ajoutez le reste des ingrédients et mélangez jusqu'à ce que les macaronis soient bien enrobés.

Goûter et rectifier les assaisonnements; placez la salade de pizza dans votre réfrigérateur jusqu'au moment de l'utiliser. Bon Appetit!

Soupe crémeuse aux légumes dorés

(Prêt en 45 minutes environ | Pour 4 personnes)

Par portion : Calories : 550 ; Matières grasses : 27,2 g ; Glucides : 70,4 g ; Protéines : 13,2 g

Ingrédients

2 cuillères à soupe d'huile d'avocat

1 oignon jaune haché

2 pommes de terre Yukon Gold, pelées et coupées en dés

2 livres de citrouille, pelée, épépinée et coupée en dés

1 panais, coupé et tranché

1 cuillère à café de pâte gingembre-ail

1 cuillère à café de poudre de curcuma

1 cuillère à café de graines de fenouil

1/2 cuillère à café de piment en poudre

1/2 cuillère à café d'épices pour tarte à la citrouille

Sel casher et poivre noir moulu, au goût

3 tasses de bouillon de légumes

1 tasse de lait de coco entier

2 cuillères à soupe de pépins

Adresses

Dans une casserole à fond épais, chauffer l'huile à feu moyen-vif. Maintenant, faites sauter l'oignon, les pommes de terre, la courge musquée et le panais pendant environ 10 minutes, en remuant périodiquement pour assurer une cuisson uniforme.

Ajouter la pâte de gingembre et d'ail et continuer à sauter pendant 1 minute ou jusqu'à ce qu'elle soit aromatique.

Ensuite, ajoutez la poudre de curcuma, les graines de fenouil, la poudre de chili, les épices pour tarte à la citrouille, le sel, le poivre noir et le bouillon de légumes ; porter à ébullition. Baisser immédiatement le feu à feu doux et laisser cuire environ 25 minutes.

Mixer la soupe au mixeur plongeant jusqu'à consistance lisse et crémeuse.

Remettre le mélange en purée dans la casserole. Ajouter le lait de coco et continuer à mijoter jusqu'à ce qu'il soit chaud ou environ 5 minutes de plus.

Servir dans des bols individuels et servir garni de graines de citrouille. Bon Appetit!

www.ingramcontent.com/pod-product-compliance
Lightning Source LLC
Chambersburg PA
CBHW070420120526
44590CB00014B/1468